LA

PRINCESSE

DE

BABILONE.

LA
PRINCESSE
DE
BABILONE.

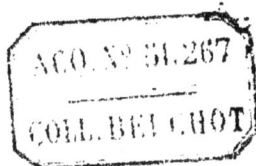

MDCCLXVIII.

LA
PRINCESSE
DE BABILONE.

§. I.

E vieux Bélus Roi de
Babilone se croyait le
premier homme de la
terre; car tous ses cour-
tisans le lui disaient &
ses historiographes le lui prouvaient. Ce
qui pouvait excuser en lui ce ridicule c'est qu'en effet ses prédécesseurs
avaient bâti Babilone plus de trente
mille ans avant lui , & qu'il l'avait

embellie. On fait que fon palais & fon parc fitués à quelques parafanges de Babilone, s'étendaient entre l'Euphrate & le Tigre qui baignaient ces rivages enchantés. Sa vafte maifon de trois mille pas de façade s'élevait jufqu'aux nues. La plate-forme était entourée d'une baluftrade de marbre blanc de cinquante pieds de hauteur, qui portait les ftatues coloffales de tous les rois & de tous les grands hommes de l'Empire. Cette plate-forme compofée de deux rangs de briques couvertes d'une épaiffe furface de plomb d'une extrémité à l'autre, était chargée de douze pieds de terre : & fur cette terre on avait élevé des forêts d'oliviers, d'orangers, de citroniers, de palmiers, de géroftiers, de cocotiers, de caneliers, qui formaient des allées impénétrables aux rayons du foleil.

Les eaux de l'Euphrate élevées

par des pompes dans cent colonnes creufées , venaient dans ces jardins remplir de vaftes baffins de marbre ; & retombant enfuite par d'autres canaux, allaient former dans le parc des cafcades de fix mille pieds de longueur ; & cent mille jets-d'eau, dont la hauteur pouvait à peine être aperçuë ; elles retournaient enfuite dans l'Euphrate dont elles étaient parties. Les jardins de Sémiramis qui étonnèrent l'Afie plufieurs fiècles après , n'étaient qu'une faible imitation de ces antiques merveilles ; car du tems de Sémiramis tout commençait à dégénérer chez les hommes & chez les femmes.

Mais ce qu'il y avait de plus admirable à Babilone , ce qui éclipfait tout le refte, était la fille unique du Roi nommée Formofante. Ce fut d'après fes portraits & fes ftatues que dans la fuite des fiècles Praxitèle fculpta fon

Aphrodite, & celle qu'on nomma la Vénus aux belles fesses. Quelle différence, ô ciel! de l'original aux copies! Aussi Bélus était plus fier de sa fille que de son royaume. Elle avait dix-huit ans; il lui fallait un époux digne d'elle: mais où le trouver? Un ancien oracle avait ordonné que Formosante ne pourait apartenir qu'à celui qui tendrait l'arc de Nembrod. Ce Nembrod le fort chasseur devant le Seigneur, avait laissé un arc de sept pieds babiloniques de haut, d'un bois d'ébène plus dur que le fer du mont Caucase qu'on travaille dans les forges de Derbent; & nul mortel depuis Nembrod n'avait pu bander cet arc merveilleux.

Il était dit encore que le bras qui aurait tendu cet arc tuerait le lion le plus terrible & le plus dangereux qui ferait lâché dans le cirque de Babilone.

Ce n'était pas tout ; le bandeur de l'arc, le vainqueur du lion devait terrasser tous fes rivaux ; mais il devait fur-tout avoir beaucoup d'efprit, être le plus magnifique des hommes, le plus vertueux, & pofféder la chofe la plus rare qui fût dans l'univers entier.

Il fe préfenta trois rois qui oférent difputer Formofante, le Pharaon d'Egypte, le Shac des Indes, & le grand Kan des Scythes. Bélus affigna le jour & le lieu du combat à l'extrêmité de fon parc, dans le vafte efpace bordé par les eaux de l'Euphrate & du Tigre réunies. On dreffa autour de la lice un amphithéatre de marbre qui pouvait contenir cinq cent mille fpectateurs. Vis-à-vis l'amphithéatre était le trône du roi : qui devait paraître avec Formofante accompagnée de toute la cour ; & à droite & à gauche entre le trône & l'amphithéatre, étaient d'autres trônes & d'autres fiéges pour les trois Rois, & pour tous les autres Souverains qui feraient curieux de venir voir cette augufte cérémonie.

Le Roi d'Egypte arriva le premier, monté fur le bœuf Apis, & tenant en main le fiftre d'Ifis. Il était fuivi de deux mille prêtres vétus de robes de lin plus blanches que la neige, de deux mille eunuques, de deux mille magiciens, & de deux mille guerriers.

Le Roi des Indes arriva bientôt après dans un char trainé par douze éléphans. Il avait une fuite encore plus nombreufe & plus brillante que le Pharaon d'Egypte.

Le dernier qui parut était le Roi des Scythes. Il n'avait auprès de lui que des guerriers choifis, armés d'arcs & de fléches. Sa monture était un tigre fuperbe qu'il avait dompté, &

qui était auſſi haut que les plus beaux chevaux de Perſe. La taille de ce monarque impoſante & majeſtueuſe, effaçait celle de ſes rivaux ; ſes bras nuds auſſi nerveux que blancs ſemblaient déja tendre l'arc de Nembrod.

Les trois Princes ſe proſternèrent d'abord devant Bélus & Formoſante. Le Roi d'Egypte offrit à la Princeſſe les deux plus beaux crocodiles du Nil, deux hippopotames, deux zèbres, deux rats d'Egypte, & deux momies, avec les livres du grand Hermès qu'il croyait être ce qu'il y avait de plus rare ſur la terre.

Le Roi des Indes lui offrit cent éléphants qui portaient chacun une tour de bois doré, & mit à ſes pieds le Veidam écrit de la main de Xaca lui-même.

Le Roi des Scythes qui ne ſavait ni lire ni écrire, préſenta cent chevaux de bataille couverts de houſſes de peaux de renards noirs.

LA PRINCESSE

La Princesse baissa les yeux devant ses amants, & s'inclina avec des graces aussi modestes que nobles.

Bélus fit conduire ces monarques sur les trônes qui leur étaient préparés. Que n'ai-je trois filles? leur dit-il; je rendrais aujourd'hui six personnes heureuses. Ensuite, il fit tirer au sort à qui essaierait le premier l'arc de Nembrod. On mit dans un casque d'or les noms des trois prétendants. Celui du Roi d'Egypte sortit le premier; ensuite parut le nom du Roi des Indes. Le Roi Scythe en regardant l'arc & ses rivaux, ne se plaignit point d'être le troisiéme.

Tandis qu'on préparait ces brillantes épreuves, vingt mille pages & vingt mille jeunes filles distribuaient sans confusion des rafraichissements aux spectateurs entre les rangs des siéges. Tout le monde avouait que les Dieux n'avaient établi les Rois

que pour donner tous les jours des fêtes, pourvu qu'elles fussent diversifiées,
que la vie est trop courte pour en user
autrement, que les procès, les intrigues,
la guerre, les disputes des prêtres qui
confument la vie humaine sont des chofes absurdes & horribles, que l'homme
n'est né que pour la joie, qu'il n'ai-
merait pas les plaisirs passionnément &
continuellement s'il n'était pas formé
pour eux; que l'essence de la nature
humaine est de se réjouïr & que tout
le reste est folie. Cette excellente morale n'a jamais été démentie que par les
faits.

Comme on allait commencer ces es-
fais qui devaient décider de la destinée
de Formofante, un jeune inconnu monté fur une Licorne, accompagné de
fon valet monté de même, & portant
fur le poing un gros oifeau, fe préfente à la barriére. Les gardes furent fur-

pris de voir en cet équipage une figu-
re qui avait l'air de la divinité. C'é-
tait, comme on a dit depuis, le vifage
d'Adonis fur le corps d'Hercule; c'é-
tait la majefté avec les graces. Ses four-
cils noirs & fes longs cheveux blonds,
mélange de beauté inconnue à Babilone, charmèrent l'affemblée : tout l'amphithéatre fe leva pour le mieux regarder : toutes les femmes de la cour fi-
xèrent fur lui des regards étonnés. Formofante elle-même qui baiffait toujours
les yeux, les releva & rougit : les trois
Rois pâlirent : tous les fpectateurs en
comparant Formofante avec l'inconnu,
s'écriaient, il n'y a dans le monde que
ce jeune homme qui foit auffi beau que
la Princeffe.

Les huiffiers faifis d'étonnement lui
demandèrent s'il était Roi. L'étranger
répondit qu'il n'avait pas cet honneur;
mais qu'il était venu de fort loin par

curiofité pour voir s'il y avait des Rois qui fuffent dignes de Formofante. On l'introduifit dans le premier rang de l'amphithéatre, lui, fon valet, fes deux Licornes & fon oifeau. Il falua profondément Bélus, fa fille, les trois Rois, & toute l'affemblée. Puis il prit place en rougiffant. Ses deux Licornes fe couchèrent à fes pieds, fon oifeau fe percha fur fon épaule, & fon valet qui portait un petit fac, fe mit à côté de lui.

Les épreuves commencèrent. On tira de fon étui d'or l'arc de Nembrod. Le grand maître des cérémonies fuivi de cinquante pages & précédé de vingt trompettes, le préfenta au Roi d'Egypte qui le fit bénir par fes prêtres; & l'ayant pofé fur la tête du bœuf Apis, il ne douta pas de remporter cette première victoire. Il defcend au milieu de l'arène, il effaie, il épuife fes forces, il fait des contorfions qui excitent le rire de l'amphithéatre, & qui font même fourire Formofante.

Son grand Aumonier s'aprocha de lui; Que vôtre Majefté, lui dit-il, renonce à ce vain honneur qui n'eft que celui des mufcles & des nerfs : vous triompherez dans tout le refte. Vous vaincrez le Lion, puifque vous avez le fabre d'Ofiris. La Princeffe de Babilone doit apartenir au Prince qui a le plus d'efprit, & vous avez deviné des énigmes. Elle doit époufer le plus vertueux, vous l'êtes, puifque vous avez été élevé par les prêtres d'Egypte. Le plus généreux doit l'emporter, & vous avez donné les deux plus beaux crocodiles & les deux plus beaux rats qui foient dans le Delta. Vous poffedez le bœuf Apis & les livres d'Hermès, qui font la chofe la plus rare de l'univers. Perfonne ne peut vous difputer Formo-

fante. Vous avez raifon, dit le Roi d'E-
gypte, & il fe remit fur fon trône.

On alla mettre l'arc entre les mains
du Roi des Indes. Il en eut des am-
poules pour quinze jours : & fe confo-
la en préfumant que le Roi des Scythes ne ferait pas plus heureux que
lui.

Le Scythe mania l'arc à fon tour. Il
joignait l'adreffe à la force ; l'arc parut
prendre quelque élafticité entre fes
mains, il le fit un peu plier, mais jamais il ne put venir à bout de le tendre. L'amphithéatre à qui la bonne mine de ce Prince infpirait des inclina-
tions favorables, gémit de fon peu de
fuccès, & jugea que la belle Princeffe
ne ferait jamais mariée.

Alors le jeune inconnu defcendit
d'un faut dans l'arêne, & s'adreffant au
Roi des Scythes, Que vôtre Majefté,
lui dit-il, ne s'étonne point de n'avoir

pas entiérement réuffi. Ces arcs d'ébène fe font dans mon païs ; il n'y a qu'un
certain tour à donner. Vous avez beaucoup plus de mérite à l'avoir fait plier,
que je n'en peux avoir à le tendre. Auffi-
tôt il prit une fléche, l'ajufta fur la cor-
de, tendit l'arc de Nembrod, & fit
voler la fléche bien au delà des barriè-
res. Un million de mains aplaudit à ce
prodige. Babilone retentit d'acclamations, & toutes les femmes difaient,
quel bonheur qu'un fi beau garçon ait
tant de force!

Il tira enfuite de fa poche une petite
lame d'yvoire, écrivit fur cette lame
avec une aiguille d'or, attacha la tablette d'yvoire à l'arc ; & préfenta le tout
à la Princeffe avec une grace qui ravif-
fait tous les affiftans. Puis il alla modef-
tement fe remettre à fa place entre fon
oifeau & fon valet. Babilone entière
était dans la furprife. Les trois Rois

étaient confondus, & l'inconnu ne paraiſſait pas s'en apercevoir.

Formoſante fut encor plus étonnée en liſant ſur la tablette d'yvoire attachée à l'arc ces petits vers en beau langage Caldéen.

L'arc de Nembrod eſt celui de la guerre;
L'arc de l'amour eſt celui du bonheur;
Vous le portez. Par vous ce Dieu vainqueur
Eſt devenu le maître de la terre.
Trois Rois puiſſants, trois rivaux aujourd'hui
Oſent prétendre à l'honneur de vous plaire.
Je ne ſais pas qui votre cœur préfère,
Mais l'univers ſera jaloux de lui.

Ce petit madrigal ne fâcha point la Princeſſe. Il fut critiqué par quelques Seigneurs de la vieille cour, qui dirent qu'autrefois dans le bon temps on aurait comparé Bélus au Soleil, & Formoſante à la Lune, ſon cou à une tour & ſa gorge à un boiſſeau de froment. Ils dirent que l'étranger n'avait point

d'imagination, & qu'il s'écartait des ré-
gles de la véritable poëfie ; mais toutes
les dames trouvèrent les vers fort ga-
lants. Elles s'émerveillèrent qu'un homme qui bandait fi bien un arc eût tant
d'efprit. La Dame d'honneur de la Princeffe lui dit ; Madame, voilà bien des
talents en pure perte. De quoi fervira à
ce jeune homme fon efprit & l'arc de
Bélus ? à le faire admirer, répondit
Formofante. Ah ! dit la Dame d'honneur entre fes dents, encor un madrigal, & il pourait bien être aimé.

Cependant Bélus ayant confulté fes
mages déclara qu'aucun des trois Rois
n'ayant pu bander l'arc de Nembrod, il
n'en fallait pas moins marier fa fille,
& qu'elle apartiendrait à celui qui vien-
drait à bout d'abattre le grand Lion qu'on
nourriffait exprès dans fa ménagerie. Le
Roi d'Egypte qui avait été élevé dans
toute la fageffe de fon païs, trouva qu'il
était

était fort ridicule d'expofer un roi
aux bêtes pour le marier. Il avouait
que la poffeffion de Formofante était
d'un grand prix; mais il prétendait
que fi le lion l'étranglait, il ne pour-
rait jamais époufer cette belle Babi-
lónienne. Le roi des Indes entra dans
les fentimens de l'Egyptien; tous deux
conclurent que le roi de Babilone fe
moquait d'eux; qu'il fallait faire venir
des armées pour le punir; qu'ils a-
vaient affez de fujets qui fe tiendraient
fort honorés de mourir au fervice de
leurs maîtres fans qu'il en coutât un
cheveu à leurs têtes facrées; qu'ils dé-
trôneraient aifément le roi de Babilone, & qu'enfuite ils tireraient au fort
la belle Formofante.

Cet accord étant fait, les deux rois
dépêchérent chacun dans leur païs un
ordre exprès d'affembler une armée de
trois cent mille hommes pour enlever
Formofante.   B

Cependant, le roi des Scythes deſcendit ſeul dans l'arêne le cimeterre à la main. Il n'était pas éperduement épris des charmes de Formoſante; la gloire avait été juſques là ſa ſeule paſſion, elle l'avait conduit à Babilone. Il voulait faire voir que ſi les rois de l'Inde & de l'Egypte étaient aſſez prudens pour ne ſe pas compromettre avec des lions, il était aſſez courageux pour ne pas dédaigner ce combat, & qu'il réparerait l'honneur du diadème. Sa rare valeur ne lui permit pas ſeulement de ſe ſervir du ſecours de ſon tigre. Il s'avance ſeul, légérement armé, couvert d'un caſque d'acier garni d'or, ombragé de trois queues de cheval blanches comme la neige.

On lâche contre lui le plus énorme lion qui ait jamais été nourri dans les montagnes de l'Antiliban. Ses terribles grifes ſemblaient capables de

déchirer les trois rois à la fois, & sa
vaste gueule de les dévorer. Ses af-
freux rugissemens faisaient retentir l'amphithéatre. Les deux fiers champions
se précipitent l'un contre l'autre d'une
course rapide. Le courageux Scythe
enfonce son épée dans le gozier du
lion; mais la pointe rencontrant une
de ces épaisses dents que rien ne peut
percer, se brise en éclats; & le mons-
tre des forêts, furieux de sa blessure,
imprimait déja ses ongles sanglans dans
les flancs du monarque.

Le jeune inconnu touché du péril
d'un si brave prince, se jette dans
l'arêne plus prompt qu'un éclair; il
coupe la tête du lion avec la même
dextérité qu'on a vu depuis dans nos
carouzels de jeunes chevaliers adroits
enlever des têtes de maures ou des
bagues.

Puis tirant une petite boëte, il la

préfente au Roi Scythe, en lui difant; Votre Majefté trouvera dans cette petite boëte le véritable dictame qui croit dans mon païs. Vos glorieufes bleffures feront guéries en un moment. Le hazard feul vous a empêché de triompher du lion; votre valeur n'en eft pas moins admirable.

Le Roi Scythe plus fenfible à la reconnaiffance qu'à la jaloufie, remercia fon libérateur, & après l'avoir tendrement embraffé, rentra dans fon quartier pour apliquer le dictame fur fes bleffures.

L'inconnu donna la tête du lion à fon valet; celui - ci après l'avoir lavée à la grande fontaine qui était au - deffous de l'amphithéatre, & en avoir fait écouler tout le fang, tira un fer de fon petit fac, arracha les quarante dents du lion, & mit à leur place quarante diamans d'une égale groffeur.

Son maître avec fa modeſtie ordinaire ſe remit à ſa place ; il donna la
tête du lion à ſon oiſeau : Bel oiſeau,
dit-il, allez porter aux pieds de Formoſante ce faible hommage. L'oiſeau part
tenant dans une de ſes ſerres le terrible trophée ; il le préſente à la Princeſſe en baiſſant humblement le cou , &
en s'aplatiſſant devant elle. Les quarante
brillants éblouirent tous les yeux. On
ne connaiſſait pas encor cette magnificence dans la ſuperbe Babilone: l'éme-
raude, la topaſe, le ſaphir & le piro-
pe étaient regardés encor comme les
plus précieux ornements. Bélus & toute la Cour étaient ſaiſis d'admiration.
L'oiſeau qui ofrait ce préſent les ſurprit
encor davantage. Il était de la taille
d'une aigle , mais ſes yeux étaient auſſi
doux & auſſi tendres que ceux de l'aigle
ſont fiers & menaçans. Son bec était
couleur de roſe , & ſemblait tenir quel-

que chofe de la belle bouche de Formofante. Son cou raffemblait toutes
les couleurs de l'Iris, mais plus vives
& plus brillantes. L'or en mille nuan-
ces éclatait fur fon plumage. Ses pieds
paraiffaient un mélange d'argent & de
pourpre ; & la queuë des beaux oifeaux
qu'on attela depuis au char de Junon
n'aprochait pas de la fienne.

L'attention, la curiofité, l'étonnement, l'extafe de toute la cour, fe par-
tageaient entre les quarante diamants
& l'oifeau. Il s'était perché fur la baluftrade entre Bélus & fa fille Formofante ; elle le flattait, le careffait, le
baifait. Il femblait recevoir fes careffes
avec un plaifir mêlé de refpeĉt. Quand
la princeffe lui donnait des baifers, il
les rendait, & la regardait enfuite avec
des yeux attendris. Il recevait d'elle
des bifcuits & des piftaches qu'il prenait de fa patte purpurine & argentée,

& qu'il portait à fon bec avec des graces inexprimables.

Bélus qui avait confidéré les diamans avec attention, jugeait qu'une de fes provinces pouvait à peine payer un préfent fi riche. Il ordonna qu'on préparât pour l'inconnu des dons encore plus magnifiques que ceux qui étaient deftinés aux trois monarques. Ce jeune homme, difait-il, eft fans doute le fils du Roi de la Chine, ou de cette partie du monde qu'on nomme Europe dont j'ai entendu parler, ou de l'Afrique qui eft, dit-on, voifine du royaume d'Egypte.

Il envoya fur le champ fon grand écuyer complimenter l'inconnu, & lui demander s'il était fouverain ou fils du fouverain d'un de ces Empires, & pourquoi poffédant de fi étonnans tréfors il étoit venu avec un valet & un petit fac?

Tandis que le grand écuyer avançait

vers l'amphithéâtre pour s'acquitter de
fa commiffion, arriva un autre valet
fur une licorne. Ce valet adreffant la
parole au jeune homme, lui dit, Ormar
votre pere touche à l'extrémité de fa
vie, & je fuis venu vous en avertir.
L'inconnu leva les yeux au ciel, verfa
des larmes, & ne répondit que par ce
mot, *Partons*.

Le grand écuyer après avoir fait les
complimens de Bélus au vainqueur du
lion, au donneur des quarante diamans, au maître du bel oifeau, demanda au valet de quel royaume était
fouverain le père de ce jeune héros?
Le valet répondit, Son père eft un
vieux berger qui eft fort aimé dans le
canton.

Pendant ce court entretien l'inconnu était déja monté fur fa licorne. Il
dit au grand écuyer, Seigneur, daignez me mettre aux pieds de Bélus

& de sa fille. J'ose la suplier d'avoir grand soin de l'oiseau que je lui laisse; il est unique comme elle. En achevant ces mots il partit comme un éclair; les deux valets le suivirent, & on les perdit de vuë.

Formosante ne put s'empêcher de jetter un grand cri. L'oiseau se retournant vers l'amphithéatre où son maître avait été assis, parut très-affligé de ne le plus voir. Puis regardant fixement la princesse, & frottant doucement sa belle main de son bec, il sembla se vouër à son service.

Bélus, plus étonné que jamais, aprenant que ce jeune homme si extraordinaire était le fils d'un berger, ne put le croire. Il fit courir après lui; mais bientôt on lui raporta que les licornes sur lesquelles ces trois hommes couraient, ne pouvaient être atteintes, & qu'au galop dont elles allaient, elles devaient faire cent lieues par jour.

§. 2.

Tout le monde raifonnait fur cette avanture étrange, & s'épuifait en vaines conjectures. Comment le fils d'un berger peut-il donner quarante gros diamans ? pourquoi eft-il monté fur une licorne ? On s'y perdait, & Formofante en careffant fon oifeau, était plongée dans une rêverie profonde.

La princeffe Aldée fa coufine iffue de germaine, très-bien faite, & prefque auffi belle que Formofante, lui dit, Ma coufine, je ne fais pas fi ce jeune demi - dieu eft le fils d'un berger ; mais il me femblé qu'il a rempli toutes les conditions attachées à vôtre mariage. Il a bandé l'arc de Nembrod, il a vaincu le lion, il a beaucoup d'efprit, puifqu'il a fait pour vous un affez joli impromptu. Après les quarante

énormes diamans qu'il vous a donnés,
vous ne pouvez nier qu'il ne foit le
plus généreux des hommes. Il poffédait dans fon oifeau ce qu'il y a de
plus rare fur la terre. Sa vertu n'a
point d'égale, puifque pouvant demeü-
rer auprès de vous, il eft parti fans dé-
libérer dès qu'il a fçu que fon père était
malade. L'oracle eft accompli dans
tous fes points, excepté dans celui
qui exige qu'il terraffe fes rivaux; mais
il a fait plus, il a fauvé la vie du feul
concurrent qu'il pouvait craindre; &
quand il s'agira de battre les deux autres, je crois que vous ne doutez pas
qu'il n'en vienne à bout aifément.

Tout ce que vous dites eft bien
vrai, répondit Formofante. Mais eft-
il poffible que le plus grand des hommes, & peut-être même le plus aimable, foit le fils d'un berger!

La dame d'honneur fe mêlant de

la converfation, dit que très-fouvent
ce mot de berger était apliqué aux
rois ; qu'on les appelait bergers parce
qu'ils tondent de fort près leur trou-
peau ; que c'était fans doute une mauvaife plaifanterie de fon valet ; que ce
jeune héros n'était venu fi mal accompagné que pour faire voir combien
fon feul mérite était au-deffus du fafte
des rois, & pour ne devoir Formofante qu'à lui-même. La princeffe ne
répondit qu'en donnant à fon oifeau
mille tendres baifers.

On préparait cependant un grand feftin pour les trois Rois, & pour tous
les Princes qui étaient venus à la fête.
La fille & la niéce du Roi devaient
en faire les honneurs. On portait chez
les Rois des préfents dignes de la
magnificence de Babilone. Bélus en attendant qu'on fervit, affembla fon Confeil fur le mariage de la belle Formo-

fante, & voici comme il parla en grand politique.

Je fuis vieux, je ne fais plus que faire, ni à qui donner ma fille. Celui qui la méritait, n'est qu'un vil berger. Le Roi des Indes & celui d'Egypte font des poltrons ; le Roi des Scythes me conviendrait affez, mais il n'a rempli aucune des conditions impofées. Je vais encor confulter l'oracle. En attendant, délibérez, & nous conclurons fuivant ce que l'oracle aura dit ; car un Roi ne doit fe conduire que par l'ordre exprès des Dieux immortels.

Alors il va dans fa chapelle ; l'oracle lui répond en peu de mots fuivant fa coutume, *Ta fille ne fera mariée que quand elle aura couru le monde.* Bélus étonné revient au Confeil & raporte cette réponfe.

Tous les miniftres avaient un profond refpect pour les oracles ; tous con-

venaient, ou feignaient de convenir
qu'ils étaient le fondement de la religion ; que la raifon doit fe taire devant
eux ; que c'eft par eux que les Rois
régnent fur les peuples, & les Mages
fur les Rois; que fans les oracles il n'y
aurait ni vertu, ni repos fur la terre.
Enfin, après avoir témoigné la plus
profonde vénération pour eux, prefque
tous conclurent que celui - ci était im-
pertinent, qu'il ne fallait pas lui obéir ;
que rien n'était plus indécent pour une
fille, & furtout pour celle du grand
Roi de Babilone, que d'aller courir
fans favoir où ; que c'était le vrai moy-
en de n'être point mariée, ou de faire un mariage clandeftin, honteux &
ridicule ; qu'en un mot, cet oracle
n'avait pas le fens commun.

Le plus jeune des miniftres nommé
Onadafe, qui avait plus d'efprit qu'eux,
dit que l'oracle entendait fans doute

quelque pélerinage de dévotion, &
qu'il s'offrait à être le conducteur de la
Princesse. Le Conseil revint à son avis,
mais chacun voulut servir d'Ecuier. Le
Roi décida que la Princesse pourait
aller à trois cent parazanges sur le
chemin de l'Arabie, à un temple
dont le Saint avait la réputation de
procurer d'heureux mariages aux filles,
& que ce serait le Doyen du Conseil
qui l'accompagnerait. Après cette déci-
sion, on alla souper.

§. 3.

Au milieu des jardins, entre deux
cascades, s'élevait un salon ovale de
trois cent pieds de diamètre, dont la
voûte d'azur semée d'étoiles d'or re-
présentait toutes les constellations avec
les planettes, chacune à leur véritable
place; & cette voûte tournait ainsi que

le ciel par des machines aussi invisibles que le sont celles qui dirigent les mouvemens célestes. Cent mille flambeaux enfermés dans des cilindres de cristal de roche, éclairaient les déhors & l'intérieur de la salle à manger. Un buffet en gradins portait vingt mille vases ou plats d'or ; & vis-à-vis le buffet, d'autres gradins étaient remplis de musiciens. Deux autres amphithéâtres étaient chargés, l'un des fruits de toutes les saisons, l'autre d'amphores de cristal où brillaient tous les vins de la terre.

Les convives prirent leurs places autour d'une table de compartiments qui figuraient des fleurs & des fruits, tous en pierres précieuses. La belle Formosante fut placée entre le roi des Indes & celui d'Egypte. La belle Aldée auprès du roi des Scythes. Il y avait une trentaine de princes, & cha-

chacun d'eux était à côté d'une des plus belles Dames du palais. Le Roi de Babilone au milieu, vis-à-vis de fa fille, paraiffait partagé entre le chagrin de n'avoir pu la marier, & le plaifir de la garder encore. Formofante lui demanda la permiffion de mettre fon oifeau fur la table à côté d'elle. Le Roi le trouva très bon.

La mufique qui fe fit entendre, donna une pleine liberté à chaque prince d'entretenir fa voifine. Le feftin parut auffi agréable que magnifique. On avait fervi devant Formofante un ragoût que le Roi fon père aimait beaucoup. La Princeffe dit qu'il fallait le porter devant fa Majefté ; auffi-tôt l'oifeau fe faifit du plat avec une dextérité merveilleufe, & va le préfenter au Roi. Jamais on ne fut plus étonné à fouper. Bélus lui fit autant de careffes que fa fille. L'oifeau reprit enfuite fon vol pour retourner au-

C

près d'elle. Il déployait en volant une
fi belle queüe, fes aîles étendues éta-
laient tant de brillantes couleurs, l'or
de fon plumage jettait un éclat fi éblou-
iffant, que tous les yeux ne regardaient
que lui. Tous les concertants cefsèrent
leur mufique & demeurèrent immobi-
les. Perfonne ne mangeait, perfonne ne
parlait, on n'entendait qu'un murmure
d'admiration. La Princeffe de Babilone
le baifa pendant tout le fouper, fans fon-
ger feulement s'il y avait des Rois dans
le monde. Ceux des Indes & d'Egypte fentirent redoubler leur dépit & leur
indignation, & chacun d'eux fe promit bien de hâter la marche de fes trois
cent mille hommes pour fe venger.

Pour le Roi des Scythes, il était
occupé à entretenir la belle Aldée: fon
cœur altier méprifant fans dépit les inat-
tentions de Formofante, avait conçu
pour elle plus d'indifférence que de co-

lère. Elle eſt belle, diſait-il, je l'avoue, mais elle me parait de ces femmes qui ne ſont occupées que de leur beauté, & qui penſent que le genre humain doit leur être bien obligé quand elles daignent ſe laiſſer voir en public. On n'adore point des idoles dans mon païs. J'aimerais mieux une laidron complaiſante & attentive, que cette belle ſtatue. Vous avez Madame autant de charmes qu'elle, & vous daignez au moins faire converſation avec les étrangers. Je vous avoue avec la franchiſe d'un Scythe, que je vous donne la préférence ſur vôtre couſine. Il ſe trompait pourtant ſur le caractère de Formoſante: elle n'était pas ſi dédaigneuſe qu'elle le paraiſſait ; mais ſon compliment fut très bien reçu de la Princeſſe Aldée. Leur entretien devint fort intéreſſant: ils étaient très contents, & déja ſûrs l'un de l'autre avant qu'on ſortit de table.

Après le souper on alla se promener dans les bosquets. Le Roi des Scythes & Aldée ne manquèrent pas de chercher un cabinet solitaire. Aldée qui était la franchise même, parla ainsi à ce Prince.

Je ne hais point ma cousine, quoiqu'elle soit plus belle que moi, & qu'elle soit destinée au trône de Babilone : l'honneur de vous plaire me tient lieu d'attraits. Je préfère la Scythie avec vous à la couronne de Babilone sans vous. Mais cette couronne m'apartient de droit, s'il y a des droits dans le monde ; car je suis de la branche ainée de Nembrod, & Formosante n'est que de la cadette. Son grand-père détrona le mien & le fit mourir.

Telle est donc la force du sang dans la maison de Babilone ! dit le Scythe. Comment s'appellait vôtre grand-père ? Il se nommait Aldée comme moi ; mon père avait le même nom; il fut relegué au fond de l'Empire avec ma mère : & Bélus après leur mort ne craignant rien de moi voulut bien m'élever auprès de fa fille. Mais il a décidé que je ne ferais jamais mariée.

Je veux venger vôtre père & vôtre grand-père, & vous, dit le Roi des Scythes. Je vous réponds que vous ferez mariée; je vous enléverai après demain de grand matin; car il faut diner demain avec le Roi de Babilone , & je reviendrai foutenir vos droits avec une armée de trois cent mille hommes. Je le veux bien, dit la belle Aldée ; & après s'être donné leur parole d'honneur , ils fe féparèrent.

Il y avait longtems que l'incomparable Formofante s'était allée coucher. Elle avait fait placer à côté de fon lit un petit oranger dans une caiffe d'argent, pour y faire repofer fon oifeau.

Ses rideaux étaient fermés, mais elle n'avait nulle envie de dormir. Son cœur & son imagination étaient trop éveillés. Le charmant inconnu était devant fes yeux ; elle le voyait tirant une fléche avec l'arc de Nembrod ; elle le contemplait coupant la tête du lion ; elle récitait fon madrigal ; enfin, elle le voyait s'échaper de la foule, monté fur fa licorne ; alors elle éclatait en fanglots ; elle s'écriait avec larmes, je ne le reverrai donc plus, il ne reviendra pas.

Il reviendra, Madame, lui répondit l'oifeau du haut de fon oranger, peut - on vous avoir vûë & ne pas vous revoir ?

O ciel ! ô puiffances éternelles ! mon oifeau parle le pur Caldéen ! En difant ces mots elle tire fes rideaux, lui tend les bras, fe met à genoux fur fon lit : Etes-vous un dieu defcendu fur la terre ? êtes-vous le grand Orofmade caché fous ce beau plumage ? Si vous êtes un dieu, rendez-moi ce beau jeune homme.

Je ne fuis qu'une volatile; repliqua l'autre; mais je nâquis dans le tems que toutes les bêtes parlaient encore, & que les oifeaux, les ferpents, les aneffes, les chevaux & les grifons s'entretenaient familiérement avec les hommes. Je n'ai pas voulu parler devant le monde, de peur que vos dames d'honneur ne me priffent pour un forcier : je ne veux me découvrir qu'à vous.

Formofante interdite, égarée, enyvrée de tant de merveilles, agitée de l'empreffement de faire cent queftions à la fois, lui demanda d'abord quel âge il avait. Vingt-fept mille neuf cent ans & fix mois, madame; je fuis de l'âge de la petite révolution du ciel que vos mages apellent la précession des équinoxes, & qui s'accomplit en près de vingt-huit mille de vos années. Il y a des révolutions infiniment plus longues, aussi nous avons des êtres beaucoup plus vieux que moi. Il y a vingt-deux mille ans que j'apris le Caldéen dans un de mes voyages. J'ai toujours conservé beaucoup de goût pour la langue Caldéenne ; mais les autres animaux mes confrères ont renoncé à parler dans vos climats. — Et pourquoi cela, mon divin oiseau ? — Hélas ! c'est parce que les hommes ont pris enfin l'habitude de nous manger au lieu de converser & de s'instruire avec nous. Les barbares ! ne devaient-ils pas être convaincus qu'ayant les mêmes organes qu'eux, les mêmes sentimens, les mêmes besoins, les mêmes désirs, nous avions ce qui s'apelle une ame tout comme eux ; que nous étions leurs frères , & qu'il ne fallait cuire & manger que les méchans ? Nous sommes tellement vos frères, que le grand être, l'être éternel & formateur , ayant fait un pacte avec les hommes (*) , nous comprit expressément dans le traité. Il vous défendit de vous nourir de notre sang , & à nous de succer le vôtre.

Les fables de votre ancien Locman, traduites en tant de langues , seront un témoignage éternellement subsistant de l'heureux commerce que vous avez eu autrefois avec nous. Elles commencent toutes par ces mots : *du tems que les bêtes parlaient.* Il est vrai qu'il y a beaucoup de femmes parmi vous qui parlent toujours à leurs chiens, mais ils ont résolu de ne point ré-

(*) Voyez le chap. 9. de la Genèse, & les chapitres 3. 18. & 19. de l'Ecclésiaste.

pondre depuis qu'on les a forcés à coups de fouët d'aller à la chaffe , & d'être les complices du meurtre de nos anciens amis communs , les cerfs, les daims , les liévres & les perdrix.

Vous avez encore d'anciens poëmes dans lefquels les chevaux parlent , & vos cochers leur adreffent la parole tous les jours , mais c'eft avec tant de groffiéreté , & en prononçant des mots fi infâmes, que les chevaux qui vous aimaient tant autrefois vous déteftent aujourd'hui.

Le païs où demeure votre charmant in-connu, le plus parfait des hommes, eft demeuré le feul où votre efpèce fache en-core aimer la nôtre & lui parler ; & c'eft la feule contrée de la terre où les hommes foient juftes.

Et où eft-il ce païs de mon cher inconnu ? quel eft le nom de ce hé-ros ? comment fe nomme fon Empire ?

car je ne croirai pas plus qu'il eſt un berger, que je ne crois que vous êtes une chauve-ſouris.

Son païs, Madame, eſt celui des Gangarides, peuple vertueux & invincible qui habite la rive orientale du Gange. Le nom de mon ami eſt Amazan. Il n'eſt pas roi; & je ne ſais même s'il voudrait s'abaiſſer à l'être; il aime trop ſes compatriotes : il eſt berger comme eux. Mais n'allez pas vous imaginer que ces bergers reſſemblent aux vôtres, qui couverts à peine de lambeaux déchirés gardent des moutons infiniment mieux habillés qu'eux, qui gémiſſent ſous le fardeau de la pauvreté, & qui payent à un éxacteur la moitié des gages chétifs qu'ils reçoivent de leurs maîtres. Les bergers Gangarides nés tous égaux, ſont les maîtres des troupeaux innombrables qui couvrent leurs prés éter-

nellement fleuris. On ne les tuë jamais, c'est un crime horrible vers le
Gange de tuer & de manger son sem-
blable. Leur laine plus fine & plus
brillante que la plus belle soye, est le
plus grand commerce de l'Orient. D'ailleurs la terre des Gangarides produit
tout ce qui peut flatter les désirs de
l'homme. Ces gros diamans qu'Amazan a eu l'honneur de vous offrir, sont
d'une mine qui lui apartient. Cette
Licorne que vous l'avez vû monter,
est la monture ordinaire des Gangarides. C'est le plus bel animal, le plus
fier, le plus terrible & le plus doux
qui orne la terre. Il suffirait de cent
Gangarides & de cent Licornes, pour
dissiper des armées innombrables. Il y
a environ deux siècles qu'un roi des
Indes fut assez fou pour vouloir con-
querir cette nation: Il se présenta suivi
de dix mille éléphants & d'un million

de guerriers. Les Licornes percèrent les éléphans comme j'ai vû fur votre rable des moviettes enfilées dans des brochettes d'or. Les guerriers tombaient fous le fabre des Gangarides, comme les moiffons de ris font coupées par les mains des peuples de l'Orient. On prit le roi prifonnier avec plus de fix cent mille hommes. On le baigna dans les eaux falutaires du Gange, on le mit au régime du païs, qui confifte à ne fe nourir que de végétaux prodigués par la nature pour nourir tout ce qui refpire. Les hommes alimentés de carnage & abreuvés de liqueurs fortes, ont tous un fang aigri & adufte qui les rend fous en cent maniéres différentes. Leur principale démence eft la fureur de verfer le fang de leurs frères, & de dévafter des plaines fertiles pour régner fur des cimetiéres. On emploia fix mois entiers a guérir le Roi des Indes de fa maladie. Quand les médecins eurent enfin jugé qu'il avait le pouls plus tranquile, & l'efprit plus raffis, ils en donnérent le certificat au Confeil des Gangarides. Ce Confeil ayant pris l'avis des Licornes renvoya humainement le Roi des Indes, fa fotte cour, & fes imbécilles guerriers dans leur païs. Cette leçon les rendit fages, & depuis ce temps les Indiens refpectèrent les Gangarides, comme les ignorants qui voudraient s'inftruire, refpectent parmi vous les philofophes Caldéens qu'ils ne peuvent égaler. A propos, mon cher oifeau, lui dit la Princeffe, y a - t - il une religion chez les Gangarides? — S'il y en a une? Madame, nous nous affemblons pour rendre grace à Dieu les jours de la pleine Lune; les hommes dans un grand temple de cèdre, les femmes dans un autre de peur des diftractions ; tous les oifeaux dans un bocage, les quadrupèdes fur une belle peloufe. Nous remercions Dieu de tous les biens qu'il nous a faits. Nous avons furtout des perroquets qui prêchent à merveille.

Telle eft la patrie de mon cher Amazan, c'eft là que je demeure ; j'ai autant d'amitié pour lui qu'il vous a infpiré d'amour. Si vous m'en croyez, nous partirons enfemble, & vous irez lui rendre fa vifite.

Vraiment, mon oifeau, vous faites là un joli métier, répondit en fouriant la Princeffe, qui brulait d'envie de faire le voyage, & qui n'ofait le dire. Je fers mon ami, dit l'oifeau, & après le bonheur de vous aimer, le plus grand eft celui de fervir vos amours.

Formofante ne favait plus où elle en était ; elle fe croyait tranfportée hors de la terre. Tout ce qu'elle avait vu dans cette journée, tout ce qu'elle voyait, tout ce qu'elle entendait, & surtout ce qu'elle sentait dans son cœur, la plongeait dans un raviſſement qui paſſait de bien loin celui qu'éprouvent aujourd'hui les fortunés Muſulmans, quand dégagés de leurs liens terreſtres, ils se voient dans le neuviéme ciel entre les bras de leurs Ouris, environnés & pénétrés de la gloire & de la félicité céleſtes.

§. 4.

Elle paſſa toute la nuit à parler d'Amazan. Elle ne l'appellait plus que ſon berger; & c'eſt depuis ce temps là que les noms de berger & d'amant ſont toujours employés l'un pour l'autre chez quelques nations.

Tantôt elle demandait à l'oiſeau ſi 'Amazan avait eu d'autres maîtreſſes.

Il

Il répondait que non, & elle était au comble de la joye. Tantôt elle voulait favoir à quoi il passait sa vie; & elle aprenait avec transport qu'il l'employait à faire du bien, à cultiver les arts, à pénétrer les secrets de la nature, à perfectionner son être. Tantôt elle voulait favoir si l'ame de son oiseau était de la même nature que celle de son amant, pourquoi il avait vécu près de vingt-huit mille ans, tandis que son amant n'en avait que dix-huit ou dix-neuf. Elle faisait cent questions pareilles auxquelles l'oiseau répondait avec une discrétion qui irritait sa curiosité. Enfin, le sommeil ferma leurs yeux, & livra Formosante à la douce illusion des songes envoyés par les dieux, qui surpassent quelquefois la réalité même, & que toute la philosophie des Caldéens a bien de la peine à expliquer.

D

Formofante ne s'éveilla que très tard. Il était petit jour chez elle quand le Roi fon père entra dans fa chambre. L'oifeau reçut fa Majefté avec une politeffe refpectueufe, alla au devant de lui, battit des ailes, allongea fon cou, & fe remit fur fon oranger. Le Roi s'affit fur le lit de fa fille, que fes rêves avaient encor embellie. Sa grande barbe s'aprocha de ce beau vifage, & après lui avoir donné deux baifers, il lui parla en ces mots.

Ma chère fille, vous n'avez pu trouver hier un mari comme je l' fpérais; il vous en faut un pourtant; le falut de mon Empire l'éxige. J'ai confulté l'oracle, qui comme vous favez ne ment jamais, & qui dirige toute ma conduite. Il m'a ordonné de vous faire courir le monde. Il faut que vous voyagiez. — Ah! chez les Gangarides fans doute, dit la Princeffe; & en prononçant

ces mots qui lui échapaient, elle fentit
bien qu'elle difait une fottife. Le Roi
qui ne favait pas un mot de géographie, lui demanda ce qu'elle entendait
par des Gangarides? elle trouva aifément une défaite. Le Roi lui aprit qu'il
fallait faire un pélérinage; qu'il avait
nommé les perfonnes de fa fuite, le
doyen des Confeillers d'Etat, le grand
aumonier, une dame d'honneur, un
médecin, un apoticaire & fon oifeau
avec tous les domeftiques convenables.

Formofante qui n'était jamais fortie
du palais du Roi fon père, & qui jufqu'à la journée des trois rois & d'A-
mazan n'avait mené qu'une vie très in-
fipide dans l'étiquette du fafte & dans
l'apparence des plaifirs, fut ravie d'a-
voir un pélérinage à faire. Qui fait,
difait-elle tous bas à fon cœur, fi les
Dieux n'infpireront pas à mon cher
Gangaride le même défir d'aller à la

même chapelle, & si je n'aurai pas le bonheur de revoir le pélerin ? Elle remercia tendrement son père, en lui disant qu'elle avait eu toujours une secrette dévotion pour le Saint chez lequel on l'envoyait.

Belus donna un excellent diner à ses hôtes; il n'y avait que des hommes. C'étaient tous gens fort mal assortis; rois, princes, ministres, pontifes, tous jaloux les uns des autres; tous pesant leurs paroles, tous embarrassés de leurs voisins & d'eux-mêmes. Le repas fut triste, quoiqu'on y bût beaucoup. Les princesses restérent dans leurs apartemens, occupées chacune de leur départ. Elles mangérent à leur petit couvert. Formosante ensuite alla se promener dans les jardins avec son cher oiseau, qui pour l'amuser vola d'arbre en arbre en étalant sa superbe queuë & son divin plumage.

Le roi d'Egypte qui était chaud de vin, pour ne pas dire yvre, demanda un arc & des fléches à un de ses pages. Ce prince était à la vérité l'archer le plus mal adroit de son royaume. Quand il tirait au blanc, la place où l'on était le plus en sureté était le but où il visait. Mais le bel oiseau en volant aussi rapidement que la fléche, se présenta lui-même au coup & tomba tout sanglant entre les bras de Formosante. L'Egyptien en riant d'un sot rire se retira dans son quartier. La princesse perça le ciel de ses cris, fondit en larmes, se meurtrit les joues & la poitrine. L'oiseau mourant lui dit tout bas, brulez-moi, & ne manquez pas de porter mes cendres vers l'Arabie heureuse, à l'orient de l'ancienne ville d'Aden ou d'Eden, & de les exposer au soleil sur un petit bucher de gérofle & de canelle. Après

avoir proféré ces paroles, il expira.
Formosante resta longtems évanouïe,
& ne revit le jour que pour éclater
en sanglots. Son père partageant sa
douleur, & faisant des imprécations
contre le roi d'Egypte, ne douta pas
que cette avanture n'annonçât un ave-
nir sinistre. Il alla vite consulter l'Oracle de sa chapelle. L'Oracle répondit,
*mélange de tout ; mort vivant, infidélité
& constance, perte & gain, calamités &
bonheur.* Ni lui, ni son Conseil n'y purent rien comprendre ; mais enfin, il
était satisfait d'avoir rempli ses devoirs
de dévotion.

Sa fille éplorée pendant qu'il con-
sultait l'Oracle, fit rendre à l'oiseau
les honneurs funèbres qu'il avait ordon-
nés, & résolut de le porter en Arabie
au péril de ses jours. Il fut brûlé dans
du lin incombustible avec l'oranger sur
lequel il avait couché : elle en recueillit

la cendre dans un petit vafe d'or, tout entouré d'escarboucles & des diamants qu'on ôta de la gueule du lion. Que ne put-elle, au lieu d'accomplir ce devoir funeste, bruler tout en vie le détestable Roi d'Egypte! c'était là tout son défir. Elle fit tuer dans fon dépit les deux crocodiles, fes deux hippopotames, fes deux zèbres, fes deux rats, & fit jetter fes deux momies dans l'Euphrate; fi elle avait tenu fon bœuf Apis, elle ne l'aurait pas épargné.

Le Roi d'Egypte outré de cet affront partit fur le champ pour faire avancer fes trois cent mille hommes. Le Roi des Indes voyant partir fon allié s'en retourna le jour même, dans le ferme deffein de joindre fes trois cent mille Indiens à l'armée Egyptienne. Le Roi de Scythie délogea dans la nuit avec la Princeffe Aldée, bien réfolu de venir combattre pour elle à la tête de

trois cent mille Scythes, & de lui rendre l'héritage de Babilone qui lui était
dû, puisqu'elle descendait de la branche ainée.

De son côté la belle Formosante se
mit en route à trois heures du matin
avec sa caravane de pelerins, se flattant
bien qu'elle pourait aller en Arabie exé-
cuter les derniéres volontés de son oiseau, & que la justice des Dieux immortels lui rendrait son cher Amazan,
sans qui elle ne pouvait plus vivre.

Ainsi à son réveil le Roi de Babilone ne trouva plus personne. Comme
les grandes fêtes se terminent! disait-il,
& comme elles laissent un vuide éton-
nant dans l'ame quand le fracas est pas-
sé! mais il fut transporté d'une colère
vraiment roiale, lorsqu'il aprit qu'on
avait enlevé la Princesse Aldée. Il donna ordre qu'on éveillat tous ses ministres, & qu'on assemblat le Conseil. En

attendant qu'ils vinssent, il ne manqua
pas de consulter son Oracle, mais il ne
put jamais en tirer que ces paroles, si
célèbres depuis dans tout l'univers,
quand on ne marie pas les filles, elles se
marient elles - mêmes.

Aussi-tôt l'ordre fut donné de faire
marcher trois cent mille hommes contre le Roi des Scythes. Voilà donc
la guerre la plus terrible allumée de
tous les côtés, & elle fut produite
par les plaisirs de la plus belle fête
qu'on ait jamais donnée sur la terre.
L'Asie allait être désolée par quatre
armées de trois cent mille combat-
tans chacune. On sent bien que la
guerre de Troye qui étonna le monde quelques siécles après n'était qu'un
jeu d'enfants en comparaison ; mais
aussi on doit considérer que dans la
querelle des Troyens il ne s'agissait
que d'une vieille femme fort libertine

qui s'était fait enlever deux fois ; au lieu qu'ici il s'agiffait de deux filles & d'un oifeau.

Le Roi des Indes allait attendre fon armée fur le grand & magnifique chemin qui conduifait alors en droiture de Babilone à Cachemire. Le Roi des Scythes courait avec Aldée par la belle route qui menait au mont Immaüs. Tous ces chemins ont difparu dans la fuite par le mauvais gouvernement. Le Roi d'Egypte avoit marché à l'Occident, & côtoyait la petite mer Méditerranée, que les ignorants Hébreux ont depuis nommé la grande mer.

A l'égard de la belle Formofante, elle fuivait le chemin de Baffora planté de hauts palmiers qui fourniffaient un ombrage éternel, & des fruits dans toutes les faifons. Le temple où elle allait en pelerinage était dans Baffora

même. Le Saint à qui ce temple avait
été dédié, était à peu près dans le
goût de celui qu'on adora depuis à
Lampſaque. Non ſeulement il procu-
rait des maris aux filles, mais il tenait lieu ſouvent de mari. C'était le
Saint le plus fêté de toute l'Aſie.

Formoſante ne ſe ſouciait point du
tout du Saint de Baſſora; elle n'in-
voquait que ſon cher berger Gangaride ſon bel Amazan. Elle comptait s'embarquer à Baſſora, & entrer
dans l'Arabie heureuſe pour faire ce
que l'oiſeau mort avait ordonné.

A la troiſiéme couchée, à peine
était-elle entrée dans une hotellerie
où ſes fouriers avaient tout préparé
pour elle, qu'elle aprit que le Roi
d'Egypte y entrait auſſi. Inſtruit de
la marche de la Princeſſe par ſes eſ-
pions, il avait ſur le champ changé
de route ſuivi d'une nombreuſe eſcor-

te. Il arrive, il fait placer des fentinelles à toutes les portes, il monte
dans la chambre de la belle Formofante, & lui dit, Mademoifelle, c'eſt
vous préciſément que je cherchais ;
vous avez fait très-peu de cas de moi
lorſque j'étais à Babilone; il eſt juſte
de punir les dédaigneuſes & les ca-
pricieuſes : vous aurez s'il vous plait
la bonté de fouper avec moi ce foir ;
vous n'aurez point d'autre lit que le
mien, & je me conduirai avec vous
felon que j'en ferai content.

Formofante vit bien qu'elle n'était
pas la plus forte ; elle favait que le
bon efprit confifte à fe conformer à
fa fituation ; elle prit le parti de fe
délivrer du Roi d'Egypte par une
innocente adreſſe ; elle le regarda du
coin de l'œil, ce qui plufieurs fiécles
après s'eſt appellé lorgner ; & voici
comme elle lui parla, avec une mo-

deftie, une grace, une douceur, un embarras, & une foule de charmes qui auraient rendu fou le plus fage des hommes, & aveuglé le plus clair-voyant.

Je vous avoue, Monfieur, que je baiffai toujours les yeux devant vous, quand vous fites l'honneur au Roi mon père de venir chez lui. Je craignais mon cœur, je craignais ma fimplicité trop naïve : je tremblais que mon pè-re & vos rivaux ne s'aperçuffent de la préférence que je vous donnais, & que vous méritez fi bien. Je puis à préfent me livrer à mes fentiments. Je jure par le bœuf Apis, qui eft après vous tout ce que je refpecte le plus au monde, que vos propofitions m'ont enchantée. J'ai déja foupé avec vous chez le Roi mon pére ; j'y fou-perai bien encor ici fans qu'il foit de la partie ; tout ce que je vous de-

demande, c'eſt que vôtre grand aumô-
nier boive avec nous ; il m'a paru à
Babilone un très bon convive ; j'ai
d'excellent vin de Chiras, je veux
vous en faire gouter à tous deux. A
l'égard de vôtre ſeconde propoſition,
elle eſt très engageante, mais il ne
convient pas à une fille bien née d'en
parler ; qu'il vous ſuffiſe de ſavoir que
je vous regarde comme le plus grand
des Rois, & le plus aimable des hommes.

Ce diſcours fit tourner la tête au
Roi d'Egypte ; il voulut bien que l'aumonier fût en tiers. J'ai encor une grace à vous demander, lui dit la princeſſe, c'eſt de permettre que mon
apoticaire vienne me parler ; les filles
ont toujours de certaines petites in-
commodités qui demandent de certains ſoins, comme vapeurs de tête,
battements de cœur, coliques, étouf-

fements , auxquels il faut mettre un
certain ordre dans de certaines cir-
conftances; en un mot , j'ai un befoin
preffant de mon apoticaire , & j'efpère que vous ne me refuferez pas cette
légère marque d'amour.

Mademoifelle , lui répondit le Roi
d'Egypte , quoiqu'un apoticaire ait
des vues précifement opofées aux mien-
nes , & que les objets de fon art
foient le contraire de ceux du mien ,
je fais trop bien vivre pour vous refufer une demande fi jufte ; je vais
ordonner qu'il vienne vous parler en
attendant le fouper ; je conçois que
vous devez être un peu fatiguée du
voyage ; vous devez auffi avoir befoin d'une femme de chambre , vous
pourez faire venir celle qui vous
agréera davantage ; j'attendrai enfuite
vos ordres & vôtre commodité Il fe
retira ; l'apoticaire & la femme de

chambre nommée Irla arrivèrent. La princesse avait en elle une entiére confiance; elle lui ordonna de faire aporter six bouteilles de vin de Chiras pour le souper, & d'en faire boire de pareil à tous les sentinelles qui tenaient ses officiers aux arrêts; puis elle recommanda à l'apoticaire de faire mettre dans toutes les bouteilles certaines drogues de sa pharmacie qui faisaient dormir les gens vingt - quatre heures, & dont il était toujours pourvu. | Elle fut ponctuellement obéie. Le Roi revint avec le grand aumônier au bout d'une demi-heure : le souper fut très gai; le Roi & le prêtre vuidèrent les six bouteilles . & avouèrent qu'il n'y avait pas de si bon vin en Egypte; la femme de chambre eut soin d'en faire boire aux domestiques qui avaient servi. Pour la princesse, elle eut grande attention de n'en point boire,

boire, difant que fon médecin l'avait
mife au régime. Tout fut bientôt
endormi.

L'aumonier du roi d'Egypte avait
la plus belle barbe que pût porter un
homme de fa forte. Formofante la
coupa très-adroitement ; puis l'ayant
fait coudre à un petit ruban, elle
l'attacha à fon menton. Elle s'affu-
bla de la robe du prêtre, & de
toutes les marques de fa dignité,
habilla fa femme de chambre en fa-
criftain de la déeffe Ifis ; enfin s'étant
munie de fon urne & de fes pierre-
ries, elle fortit de l'hôtellerie à travers les fentinelles qui dormaient comme leur maître. La fuivante avait eu
foin de faire tenir à la porte deux
chevaux prêts. La Princeffe ne
pouvait mener avec elle aucun des
officiers de fa fuite : ils auraient été
arrêtés par les grandes gardes.

Formofante & Irla paffèrent à travers des hayes de foldats, qui prenant la Princeffe pour le grand prêtre l'appellaient mon revérendiffime père en Dieu, & lui demandaient fa bénédiction. Les deux fugitives arrivent en vingt - quatre heures à Baffora avant que le Roi fût éveillé. Elles quittèrent alors leur déguifement, qui eût pû donner des foupçons. Elles frètèrent au plus vite un vaiffeau, qui les porta par le détroit d'Ormus au beau rivage d'Eden dans l'Arabie heureufe. C'eft cet Eden, dont les jardins furent fi renommés qu'on en fit depuis la demeure des juftes; ils furent le modèle des Champs Elifées, des jardins des Hefpérides, & de ceux des Iles Fortunées; car dans ces climats chauds les hommes n'imaginèrent point de plus grande béatitude que les ombrages & les murmures des eaux. Vivre éternellement dans les Cieux avec l'Etre suprême, ou aller se promener dans le jardin, dans le Paradis, fut la même chose pour les hommes qui parlent toujours sans s'entendre, & qui n'ont pu guères avoir encor d'idées nette , ni d'expreßions justes.

Dès que la Princesse se vit dans cette terre , son premier soin fut de rendre à son cher oiseau les honneurs funèbres qu'il avait éxigés d'elle. Ses belles mains dresserent un petit bucher de gérofle & de canelle. Quelle fut sa surprise lors qu'ayant répandu les cendres de l'oiseau sur ce bucher elle le vit s'enflammer de lui-même. Tout fut bientôt consumé. Il ne parut à la place des cendres qu'un gros œuf, dont elle vit sortir son oiseau plus brillant qu'il ne l'avait jamais été. Ce fut le plus beau des moments que la Princesse eût éprouvés dans toute sa vie ; il n'y en avait qu'un qui pût lui être plus cher ; elle le défirait, mais elle ne l'efpérait pas.

Je vois bien, dit elle à l'oifeau, que vous êtes le phénix dont on m'avait tant parlé. Je fuis prête à mourir d'étonnement & de joye. Je ne croyais point à la réfurrection, mais mon bonheur m'en a convaincue. La réfurrection, Madame, lui dit le phénix, eft la chofe du monde la plus fimple. Il n'eft pas plus furprenant de naître deux fois qu'une. Tout eft réfurrection dans ce monde ; les chenilles reffufcitent en papillons, un noyau mis en terre reffufcite en arbre. Tous les animaux enfevelis dans la terre reffufcitent en herbes, en plantes, & nourriffent d'autres animaux dont ils font bientôt une partie de la fubftance: routes les particules qui compofaient les corps font changées en différents êtres. Il eft vrai que je fuis le feul à qui le puiffant Orofmade ait fait la gra-

ce de reffufciter dans fa propre nature.

Formofante qui depuis le jour qu'elle vit Amazan & le phénix pour la premiére fois, avait paffé toutes fes heures
à s'étonner, lui dit: Je conçois bien
que le grand être ait pu former de
vos cendres un phénix à peu près
femblable à vous ; mais que vous foyez
précifément la même perfonne , que
vous ayez la même ame, j'avoue que je
ne le comprends pas bien clairement.
Qu'eft devenue vôtre ame pendant que
je vous portais dans ma poche après
vôtre mort ?

Eh mon Dieu, Madame, n'eft il pas
auffi facile au grand Orofmade de con-
tinuer fon action fur une petite étincel-
le de moi - même que de commencer
cette action? Il m'avait accordé auparavant le fentiment, la mémoire & la
penfée; il me les accorde encore: qu'il

ait attaché cette faveur à un atome de feu élémentaire caché dans moi, ou à l'affemblage de mes organes, cela ne fait rien au fonds : les phénix & les hommes ignoreront toujours comment la chofe fe paffe ; mais la plus grande grace que l'Etre Suprême m'ait accordée eft de me faire renaître pour vous. Que ne puis-je paffer les vingt-huit mille ans que j'ai encor à vivre jufqu'à ma prochaine réfurrection entre vous & mon cher Amazan !

Mon phénix, lui repartit la Princeffe, fongez que les premiéres paroles que vous me dites à Babilone, & que je n'ou blierai jamais, me flatèrent de l'efpérance de revoir ce cher berger que j'idolâtre ; il faut abfolument que nous allions enfemble chez les Gangarides, & que je le ramène à Babilone. C'eft bien mon deffein, dit le phénix ; il n'y a pas un moment à perdre. Il faut aller trouver Amazan par le plus court chemin, c'eft-à-dire par les airs. Il y a dans l'Arabie heureufe deux grifons mes amis intimes, qui ne demeurent qu'à cent cinquante milles d'ici ; je vais leur écrire par la pofte aux pigeons ; ils viendront avant la nuit. Nous aurons tout le temps de vous faire travailler un petit canapé commode avec des tiroirs où l'on mettra vos provifions de bouche. Vous ferez très à vôtre aife dans cette voiture avec vôtre demoifelle. Les deux grifons font les plus vigoureux de leur efpèce ; chacun d'eux tiendra un des bras du canapé entre fes griffes. Mais encor une fois, les moments font chers. Il alla fur le champ avec Formofante commander le canapé à un tapiffier de fa connaiffance. Il fut achevé en quatre heures. On mit dans les tiroirs des petits pains à la Reine, des bifcuits meilleurs que ceux de Babilone, des poncires, des ananas, des cocos, des piftaches & du vin d'Eden qui l'emporte fur le vin de Chiras autant que celui de Chiras eft au deffus de celui de Surenne.

Le canapé était auffi léger que commode & folide. Les deux grifons arrivèrent dans Eden à point nommé Formofante & Irla fe placèrent dans la voiture. Les deux grifons l'enlevèrent comme une plume. Le phénix tantôt volait auprès, tantôt fe perchait fur le doffier. Les deux grifons cinglèrent vers le Gange avec la rapidité d'une flèche qui fend les airs. On ne fe repofait que la nuit pendant quelques moments pour manger, & pour faire boire un coup aux deux voituriers.

On arriva enfin chez les Gangarides. Le cœur de la Princeffe palpitait d'efpérance, d'amour & de joye.

Le phénix fit arrêter la voiture devant la maifon d'Amazan ; il demande à lui parler ; mais il y avait trois heures qu'il en était parti, fans qu'on fût où il était allé.

Il n'y a point de termes dans la langue même des Gangarides qui puiffe exprimer le défefpoir dont Formofante fut accablée. Hélas ! voilà ce que j'avais craint, dit le phénix ; les trois heures que vous avez paffées dans vôtre hôtellerie fur le chemin de Baffora avec ce malheureux Roi d'Egypte, vous ont enlevé peut-être pour jamais le bonheur de vôtre vie ; j'ai bien peur que nous n'ayons perdu Amazan fans retour.

Alors il demanda aux domeftiques fi on pouvait faluer Madame fa mère ? ils répondirent que fon mari était mort l'avant-veille & qu'elle ne voyait perfonne. Le phénix qui avait du crédit dans la maison ne laissa pas de faire entrer la Princesse de Babilone dans un salon dont les murs étaient revêtus de bois d'oranger à filets d'ivoire. les sous-bergers & les sous-bergères en longues robes blanches ceintes de garnitures aurore, lui servirent dans cent corbeilles de simple porcelaine cent mets délicieux, parmi lesquels on ne voyait aucun cadavre déguisé : c'était du ris, du sago, de la semoule, du vermicelle, des macaroni, des omelettes, des œufs au lait, des fromages à la crême, des pâtisseries de toute espèce, des légumes, des fruits d'un parfum & d'un goût dont on n'a point d'idée dans les autres climats : c'était une profusion de liqueurs rafraîchissantes supérieures aux meilleurs vins.

Pendant que la Princesse mangeait couchée sur un lit de roses, quatre pavons, ou paons, ou pans, heureufement muets, l'éventaient de leurs brillantes aîles ; deux cent oiseaux, cent bergers & cent bergères lui donnèrent un concert à deux chœurs ; les rossignols, les serins, les fauvettes, les pinsons chantaient le dessus avec les bergères ; les bergers faisaient la haute-contre & la basse ; c'était en tout la belle & simple nature. La Princesse avoua que s'il y avait plus de magnificence à Babilone, la nature était mille fois plus agréable chez les Gangarides : mais pendant qu'on lui donnait cette musique si consolante & si voluptueuse, elle versait des larmes, elle disait à la jeune Irla sa compagne, Ces bergers & ces bergères , ces rossignols & ces serins font l'amour, & moi je suis privée du héros Gangaride, digne objet de mes très tendres & très impatients désirs.

Pendant qu'elle faisait ainsi collation ,

qu'elle admirait & qu'elle pleurait, le phénix difait à la mère d'Amazan, Madame, vous ne pouvez vous difpenfer de voir la Princeffe de Babilone; vous favez.... Je fais tout, dit-elle, jufqu'à fon avanture dans l'hôtellerie fur le chemin de Baffora; un merle m'a tout conté ce matin; & ce cruel merle eft caufe que mon fils au défefpoir eft devenu fou & a quitté la maifon paternelle. Vous ne favez donc pas, reprit le phénix, que la Princeffe m'a reffufcité? Non, mon cher enfant, je favais par le merle que vous étiez mort, & j'en étais inconfolable. J'étais fi affligée de cette perte, de la mort de mon mari, & du départ précipité de mon fils, que j'avais fait défendre ma porte. Mais puifque la Princeffe de Babylone me fait l'honneur de me venir voir, faites-la entrer au plus vite; j'ai des cho-

ſes de la derniére conſéquence à lui
dire, & je veux que vous y ſoyez
préſent. Elle alla auſſi-tôt dans un
autre ſalon au devant de la Princeſſe. Elle ne marchait pas facilement ; c'était
une dame d'environ trois cent années ;
mais elle avait encore de beaux reſtes :
& on voyait bien que vers les deux
cent trente à quarante ans elle avait
été charmante. Elle reçut Formoſante
avec une nobleſſe reſpectueuſe mêlée
d'un air d'intérêt & de douleur qui fit
ſur la Princeſſe une vive impreſſion.

Formoſante lui fit d'abord ſes triſ-
tes complimens ſur la mort de ſon mari.
Hélas ! dit la veuve, vous devez vous
intéreſſer à ſa perte plus que vous ne
penſez. J'en ſuis touchée ſans doute ;
dit Formoſante, il était le père de .....
à ces mots elle pleura. Je n'étais
venue que pour lui & à travers bien
des dangers. J'ai quitté pour lui mon

père & la plus brillante cour de l'univers; j'ai été enlevée par un roi d'E-
gypte que je déteste. Echapée à ce
ravisseur j'ai traversé les airs pour venir
voir ce que j'aime; j'arrive, & il me
fuit! les pleurs & les sanglots l'empê-
chèrent d'en dire davantage.

La mère lui dit alors, Madame,
lorsque le roi d'Egypte vous ravissait,
lorsque vous soupiez avec lui dans un
cabaret sur le chemin de Bassora, lorsque vos belles mains lui versaient du
vin de Chiras, vous souvenez - vous
d'avoir vu un merle qui voltigeait dans
la chambre? Vraiment oui, vous m'en
rapellez la mémoire, je n'y avais pas
fait d'attention; mais en recueillant
mes idées, je me souviens très-bien
qu'au moment que le Roi d'Egypte se
leva de table pour me donner un baiser, le merle s'envola par la fenêtre
en jettant un grand cri, & ne repa-
rut plus.

Hélas, Madame, reprit la mère d'Amazan, voilà ce qui fait précisément le sujet de nos malheurs: mon fils avait envoyé ce merle s'informer de l'état de vôtre santé & de tout ce qui se passait à Babilone ; il comptait revenir bientôt se mettre à vos pieds & vous consacrer sa vie. Vous ne savez pas à quel excès il vous adore. Tous les Gangarides sont amoureux & fidèles ; mais mon fils est le plus passionné & le plus constant de tous. Le merle vous rencontra dans un cabaret ; vous buviez très gayement avec le Roi d'Egypte & un vilain prêtre ; il vous vit enfin donner un tendre baiser à ce Monarque qui avait tué le phénix, & pour qui mon fils conserve une horreur invincible. Le merle à cette vue fut saisi d'une juste indignation ; il s'envola en maudissant vos funestes amours ; il est revenu aujourd'hui, il a tout conté; mais dans quels moments juste ciel! dans le temps où mon fils pleurait avec moi la mort de son père, & celle du Phénix; dans le tems qu'il apprenait de moi qu'il est vôtre cousin issu de germain!

O ciel! mon cousin! Madame, est-il possible? par quelle avanture? comment? quoi! je ferais heureuse à ce point! & je ferais en même temps assez infortunée pour l'avoir offensé!

Mon fils est vôtre cousin, vous dis-je, reprit la mère, & je vais bien-tôt vous en donner la preuve; mais en devenant ma parente vous m'arrachez mon fils; il ne poura survivre à la douleur que lui a causée votre baiser donné au Roi d'Egypte.

Ah! ma tante, s'écria la belle Formosante, je jure par lui & par le puissant Orosmade, que ce baiser funeste loin d'être criminel était la plus forte

preuve

preuve d'amour que je puſſe donner à votre fils. Je déſobéiſſais à mon père pour lui. J'allais pour lui de l'Euphrate au Gange. Tombée entre les mains de l'indigne Pharaon d'Egypte , je ne pouvais lui échaper qu'en le trompant. J'en atteſte les cendres & l'ame du Phénix qui étaient alors dans ma poche ; il peut me rendre juſtice. Mais comment vôtre fils né ſur les bords du Gange peut-il être mon couſin ? moi dont la famille règne ſur les bords de l'Euphrate depuis tant de ſiècles ?

Vous ſavez , lui dit la vénérable Gangaride, que vôtre grand oncle Aldée était Roi de Babilone , & qu'il fut détroné par le père de Bélus? — Oui, Madame. — Vous ſavez que ſon fils Aldée avait eu de ſon mariage la Princeſſe Aldée élevée dans vôtre cour. C'eſt ce Prince qui étant perſécuté par vôtre père vint ſe réfugier dans nôtre

heureuſe contrée ſous un autre nom ;
c'eſt lui qui m'épouſa ; j'en ai eu le jeune Prince Aldée-Amazan , le plus beau,
le plus fort , le plus courageux , le plus
vertueux des mortels , & aujourd'hui le
plus fou. Il alla aux fêtes de Babilone ſur
la réputation de vôtre beauté : depuis ce
temps-là il vous idolâtre , & peut-être
je ne reverrai jamais mon cher fils.

Alors elle fit déploier devant la Princeſſe tous les tîtres de la maiſon des
Aldées ; à peine Formoſante daigna les
regarder. Ah ! Madame , s'écria-t-elle,
examine-t-on ce qu'on déſire ? mon
cœur vous en croit aſſez. Mais où eſt
Aldée-Amazan ? où eſt mon parent,
mon amant , mon Roi ? où eſt ma vie ?
quel chemin a-t-il pris ? J'irais le chercher dans tous les globes que l'Eternel
a formés , & dont il eſt le plus bel or-
nement. J'irais dans l'étoile Canope,
dans Shcath, dans Aldebaran ; j'irais le

convaincre de mon amour & de mon innocence.

Le Phénix juftifia la Princeffe du crime que lui imputait le merle d'avoir donné par amour un baifer au roi d'Egypte ; mais il fallait détromper Amazan & le ramener. Il envoye des oifeaux fur tous les chemins, il met en campagne les Licornes ; on lui raporte enfin qu'Amazan a pris la route de la Chine. Eh bien, allons à la Chine, s'écria la Princeffe, le voyage n'eft pas long, j'efpère bien vous ramener votre fils dans quinze jours au plus tard. A ces mots que de larmes de tendreffe verférent la mère Gangaride & la Princeffe de Babilone! que d'embraffemens! que d'effufion de cœur !

Le Phénix commanda fur le champ un caroffe à fix licornes. La mère fournit deux cent cavaliers, & fit préfent à la Princeffe fa niéce de quel-

ques milliers des plus beaux diamans
du pays. Le Phénix affligé du mal que
l'indiscrétion du merle avait causée, fit
ordonner à tous les merles de vuider
le pays ; & c'est depuis ce tems qu'il
ne s'en trouve plus sur les bords du
Gange.

§. 5.

Les licornes en moins de huit jours
amenérent Formosante, Irla & le Phénix à Cambalu, capitale de la Chine.
C'était une ville plus grande que Babilone, & d'une espèce de magnificence toute différente. Ces nouveaux
objets, ces mœurs nouvelles auraient
amusé Formosante, si elle avait pu être
occupée d'autre chose que d'Amazan.
Dès que l'Empereur de la Chine
eut apris que la Princesse de Babilone
était à une porte de la ville, il lui

dépêcha quatre mille Mandarins en robes de cérémonie ; tous fe profternè- rent devant elle , & lui préfentèrent chacun un compliment écrit en lettres d'or fur une feuille de foye pourpre. Formofante leur dit que fi elle avait quatre mille langues , elle ne manque- rait pas de répondre fur le champ à chaque Mandarin , mais que n'en ayant qu'une elle les priait de trouver bon qu'elle s'en fervit pour les remercier tous en général. Ils la conduifirent refpectueufement chez l'Empereur.

C'était le Monarque de la terre le plus jufte , le plus poli & le plus fage. Ce fut lui qui le premier laboura un petit champ de fes mains Impériales, pour rendre l'agriculture refpectable à fon peuple. Il établit le premier des prix pour la vertu. Les loix , par- tout ailleurs , étaient honteufement bor- nées à punir les crimes. Cet Empe-

reur venait de chasser de ses Etats une
troupe de Bonzes étrangers qui étaient
venus du fond de l'Occident, dans l'es-
poir insensé de forcer toute la Chine
à penser comme eux, & qui sous pré-
texte d'annoncer des vérités avaient
acquis déja des richesses & des honneurs. Il leur avait dit en les chas-
sant ces propres paroles, enrégistrées
dans les annales de l'Empire.

„ Vous pouriez faire ici autant de
„ mal que vous en avez fait ailleurs:
„ vous êtes venus prêcher des dogmes
„ d'intolérance chez la nation la plus
„ tolérante de la terre. Je vous ren-
„ voye pour n'être jamais forcé de vous
„ punir. Vous ferez reconduits hono-
„ rablement fur mes frontiéres; on
„ vous fournira tout pour retourner
„ aux bornes de l'hémisphère dont vous
„ êtes partis. Allez en paix fi vous
„ pouvez être en paix, & ne revenez
„ plus.

La Princesse de Babilone aprit avec joye ce jugement & ce discours; elle en était plus sure d'être bien reçue à la cour, puisqu'elle était très éloignée d'avoir des dogmes intolérants. L'Empereur de la Chine en dinant avec elle tête à tête, eut la politesse de bannir l'embarras de toute étiquette gênante; elle lui présenta le Phénix, qui fut très caressé de l'Empereur, & qui se percha sur son fauteuil. Formosante sur la fin du repas lui confia ingénuement le sujet de son voyage, & le pria de faire chercher dans Cambalu le bel Amazan, dont elle lui conta l'avanture, sans lui rien cacher de la fatale passion dont son cœur était enflammé pour ce jeune héros. A qui en parlez - vous ? lui dit l'Empereur de la Chine, il m'a fait le plaisir de venir dans ma cour; il m'a enchanté, cet aimable Amazan; il est vrai qu'il eft profondément affligé ; mais fes graces n'en font que plus touchantes ; aucun de mes favoris n'a plus d'efprit que lui ; nul Mandarin de robe n'a de plus vaftes connaiffances ; nul Mandarin d'épée n'a l'air plus màrtial & plus héroïque ; fon extrême jeuneffe donne un nouveau prix à tous fes talents : fi j'étais affez malheureux, affez abandonné du Tien & du Changti pour vouloir être conquérant, je prierais Amazan de fe mettre à la tête de mes armées, & je ferais fûr de triompher de l'Univers entier. C'eft bien dommage que fon chagrin lui dérange quelquefois l'efprit.

Ah! Monfieur, lui dit Formofante avec un air enflammé, & un ton de douleur, de faififfement & de reproche, pourquoi ne m'avez-vous pas fait diner avec lui? Vous me faites mourir, envoyez le prier tout-à-l'heure. Madame, il est parti ce matin, & il n'a point dit dans quelle contrée il portait ses pas. Formosante se tourna vers le Phénix : Eh bien, dit-elle, Phénix, avez-vous jamais vû une fille plus malheureuse que moi? mais, Monsieur, continua-t-elle, comment, pourquoi a-t-il pû quitter si brusquement une cour aussi polie que la vôtre, dans laquelle il me semble qu'on voudrait passer sa vie?

Voici, Madame, ce qui est arrivé. Une Princesse du Sang, des plus aimables, s'est éprise de passion pour lui, & lui a donné un rendez-vous chez elle à midi; il est parti au point du jour, & il a laissé ce billet qui a coûté bien des larmes à ma parente.

„ Belle Princesse du Sang de la
„ Chine, vous méritez un cœur qui
„ n'ait jamais été qu'à vous; j'ai juré
„ aux dieux immortels de n'aimer ja-

„ mais que Formofante Princeffe de
„ Babilone, & de lui aprendre com-
„ ment on peut dompter fes défirs
„ dans fes voyages ; elle a eu le mal-
„ heur de fuccomber avec un indigne
„ Roi d'Egypte: je fuis le plus mal-
„ heureux des hommes ; j'ai perdu
„ mon père & le phénix, & l'efpé-
„ rance d'être aimé de Formofante ;
„ j'ai quitté ma mère affligée, ma
„ patrie, ne pouvant vivre un moment
„ dans les lieux où j'ai apris que For-
„ mofante en aimait un autre que
„ moi ; j'ai juré de parcourir la terre
„ & d'être fidèle. Vous me méprife-
„ riez, & les Dieux me puniraient fi
„ je violais mon ferment : prenez un
„ amant, Madame, & foyez auffi fidè-
„ le que moi.

Ah laiffez moi cette étonnante Lettre, dit la belle Formofante, elle
fera ma confolation ; je fuis heureufe

dans mon infortune. Amazan m'aime ; Amazan renonce pour moi à la poſſeſſion des Princeſſes de la Chine; il n'y a que lui ſur la terre capable de remporter une telle victoire ; il me donne un grand exemple ; le Phénix fait que je n'en avais pas beſoin ; il eſt bien cruel d'être privée de ſon amant pour le plus innocent des baiſers donné par pure fidélité : mais enfin, où eſt-il allé ? quel chemin a-t-il pris ? daignez me l'enſeigner, & je pars.

L'Empereur de la Chine lui répondit qu'il croyait ſur les raports qu'on lui avait faits que ſon amant avait ſuivi une route qui menait en Scythie. Auſſi-tôt les Licornes furent attelées, & la Princeſſe après les plus tendres compliments prit congé de l'Empereur avec le Phénix, ſa femme de chambre Irla & toute ſa ſuite.

Dès qu'elle fut en Scythie, elle vit

plus que jamais combien les hommes
& les gouvernements diffèrent & dif-
féreront toujours jusqu'au temps où
quelque peuple plus éclairé que les
autres communiquera la lumiére de
proche en proche après mille siècles
de ténèbres, & qu'il se trouvera dans
des climats barbares des ames héroïques qui auront la force & la persé-
vérance de changer les brutes en hommes. Point de villes en Scythie, par
conséquent point d'arts agréables ; on
ne voyait que de vastes prairies & des
nations entiéres sous des tentes & sur
des chars. Cet aspect imprimait la
terreur. Formozante demanda dans
quelle tente ou dans quelle charette lo-
geait le Roi ? on lui dit que depuis
huit jours il s'était mis en marche à la
tête de trois cent mille hommes de ca-
valerie pour aller à la rencontre du Roi
de Babilone dont il avait enlevé la nié-

ce , la belle Princeffe Aldée. Il a enlevé ma coufine! s'écria Formofante ;
je ne m'attendais pas à cette nouvelle
avanture : quoi! ma coufine qui était
trop heureufe de me faire la cour eft
devenue Reine, & je ne fuis pas encor
mariée! Elle fe fit conduire incontinent aux tentes de la Reine.

Leur réunion inefpérée dans ces
climats lointains; les chofes fingulié-
res qu'elles avaient mutuellement à
s'aprendre , mirent dans leur entrevue
un charme qui leur fit oublier qu'elles
ne s'étaient jamais aimées ; elles fe
revirent avec tranfport ; une douce
illufion fe mit à la place de la vraye
tendreffe; elles s'embrafsèrent en pleu-
rant ; & il y eut même entre elles de
la cordialité & de la franchife , atten-
du que l'entrevue ne fe faifait pas
dans un palais.

Aldée reconnut le Phénix & la confidente Irla ; elle donna des fourures de zibeline à sa cousine, qui lui donna des diamans. On parla de la guerre que les deux Rois entreprenaient ; on déplora la condition des hommes que des Monarques envoyent par fantaisie s'égorger pour des différens que deux honnêtes gens pouraient concilier en une heure ; mais sur-tout on s'entretint du bel étranger vainqueur des Lions, donneur des plus gros diamans de l'univers, faiseur de madrigaux, possesseur du Phénix, devenu le plus malheureux des hommes sur le raport d'un merle. C'est mon cher frère, disait Aldée ; c'est mon amant, s'écriait Formosante ; vous l'avez vu sans doute, il est peut-être encore ici ; car, ma cousine, il sait qu'il est votre frère ; il ne vous aura pas quittée brusquement, comme il a quitté le Roi de la Chine.

Si je l'ai vu, grands dieux! reprit Aldée, il a paffé quatre jours entiers avec moi. Ah! ma coufine, que mon frère eft à plaindre! un faux raport l'a rendu abfolument fou; il court le monde fans favoir où il va. Figurez vous qu'il a pouffé la démence jufqu'à refufer les faveurs de la plus belle Scythe de toute la Scythie. Il partit hier après lui avoir écrit une Lettre dont elle a été defefpérée. Pour lui il eft allé chez les Cimmeriens. Dieu foit loué, s'écria Formofante; encore un refus en ma faveur! mon bonheur a paffé mon efpoir, comme mon malheur a furpaffé toutes mes craintes. Faites-moi donner cette Lettre charmante, que je parte, que je le fuive, les mains pleines de fes facrifices. Adieu, ma coufine; Amazan eft chez les Cimmériens, j'y vole.

Aldée trouva que la Princeffe fa coufine était encore plus folle que fon frère Amazan. Mais comme elle avait fenti elle-même les atteintes de cette épidémie, comme elle avait quitté les délices & la magnificence de Babilone pour le Roi des Scythes, comme les femmes s'intéreffent toujours aux folies dont l'amour eft caufe, elle s'attendrit véritablement pour Formofante, lui fouhaita un heureux voyage, & lui promit de fervir fa paffion, fi jamais elle était affez heureufe pour revoir fon frère.

§. 6.

Bientôt la Princeffe de Babilone & le Phénix arrivèrent dans l'Empire des Cimmériens, bien moins peuplé à la vérité que la Chine, mais deux fois plus étendu, autrefois femblable à la Scythie, & devenu depuis quelque

tems

temps auſſi floriſſant que les Royau-
mes qui ſe vantaient d'inſtruire les
autres États.

Après quelques jours de marche on
entra dans une très grande Ville, que
l'Impératrice régnante faiſait embellir ;
mais elle n'y était pas, elle voyageait
alors des frontiéres de l'Europe à celles
de l'Aſie pour connaître ſes états par
ſes yeux, pour juger des maux &
porter les remèdes, pour accroitre les
avantages, pour ſemer l'inſtruction.

Un des principaux officiers de cette
ancienne capitale, inſtruit de l'arrivée
de la Babilonienne & du Phénix, s'empreſſa de rendre ſes hommages à la
Princeſſe, & de lui faire les honneurs
du pays, bien ſûr que ſa maîtreſſe, qui
était la plus polie & la plus magnifique des Reines, lui ſaurait gré d'avoir
reçu une ſi grande Dame avec les

G

mêmes égards qu'elle aurait prodigués
elle - même.

On logea Formosante au palais, dont
on écarta une foule importune de peuple ; on lui donna des fêtes ingénieu-
ses. Le Seigneur Cimmérien qui était
un grand naturaliste s'entretint beaucoup avec le Phénix dans les temps
où la Princesse était retirée dans son
apartement. Le Phénix lui avoua qu'il
avait autrefois voyagé chez les Cimmériens , & qu'il ne reconnaissait plus
le pays. Comment de si prodigieux
changements , disait-il , ont-ils pû
être opérés dans un temps si court ?
Il n'y a pas trois cent ans que je vis
ici la nature sauvage dans toute son
horreur , j'y trouve aujourd'hui les arts,
la splendeur , la gloire & la politesse.
Un seul homme a commencé ce grand
ouvrage , répondit le Cimmérien , une
femme l'a perfectionné , une femme a
été meilleure législatrice que l'Isis des

Egyptiens & la Cérès des Grecs. La plupart des légiflateurs ont eu un génie étroit & defpotique, qui a refferré leurs vues dans le pays qu'ils ont gouverné : chacun a regardé fon peuple comme étant feul fur la terre, ou comme devant être l'ennemi du refte de la terre. Ils ont formé des inftitutions pour ce feul peuple, introduit des ufages pour lui feul, établi une religion pour lui feul. C'eft ainfi que les Egyptiens, fi fameux par des monceaux de pierres, fe font abrutis & deshonorés par leurs fuperftitions barbares. Ils croyent les autres nations prophanes, ils ne communiquent point avec elles, & excepté la cour qui s'élève quelquefois au deffus des préjugés vulgaires, il n'y a pas un Egyptien qui voulût manger dans un plat dont un étranger fe ferait fervi. Leurs prêtres font cruels & abfurdes. Il vaudrait mieux n'avoir point de loix &

n'écouter que la nature qui a gravé dans nos cœurs les caractères du juste & de l'injuste, que de foumettre la fociété à des loix fi infociables.

Nôtre Impératrice embraffe des projets entiéremment opofés ; elle confidère fon vafte état fur lequel tous les Méridiens viennent fe joindre, comme devant correfpondre à tous les peuples qui habitent fous ces différents méridiens. La premiére de fes loix a été la tolérance de toutes les Réligions, & la compaffion pour toutes les erreurs. Son puiffant génie a connu que fi les cultes font différents, la morale eft partout la même; par ce principe elle a lié fa nation à toutes les nations du monde, & les Cimmériens vont regarder le Scandinavien & le Chinois comme leurs frères. Elle a fait plus ; elle a voulu que cette précieufe tolérance, le premier lien des hommes, s'établit chez ses voisins; ainsi elle a mérité le titre de mère de la patrie, & elle aura celui de bienfaitrice du genre humain, si elle persévère.

Avant elle, des hommes malheureusement puissants envoyaient des troupes de meurtriers ravir à des peuplades inconnues & arroser de leur sang les héritages de leurs pères; on appellait ces assassins des héros; leur brigandage était de la gloire. Nôtre Souveraine a une autre gloire; elle a fait marcher des armées pour aporter la paix, pour empêcher les hommes de se nuire, pour les forcer à se suporter les uns les autres; & ses étendarts ont été ceux de la concorde publique.

Le Phénix enchanté de tout ce que lui aprenait ce Seigneur, liu dit, Monsieur, il y a vingt - sept mille neuf cent années & sept mois que je suis au monde; je n'ai encor rien vû de comparable à ce que vous me faites entendre. Il lui demanda des nouvelles de son ami Amazan; le Cimmérien lui conta les mêmes choses qu'on avait dites à la Princesse chez les Chinois & chez les Scythes. Amazan s'enfuyait de toutes les cours qu'il visitait, sitôt qu'une Dame lui avait donné un rendez-vous auquel il craignait de succomber. Le Phénix instruisit bientôt Formosante de cette nouvelle marque de fidélité qu'Amazan lui donnait, fidélité d'autant plus étonnante qu'il ne pouvait pas soupçonner que sa Princesse en fût jamais informée.

Il était parti pour la Scandinavie. Ce fut dans ces climats que des spectacles nouveaux frapèrent encor ses yeux: ici la royauté & la liberté subsistaient ensemble par un accord qui paraît impossible dans d'autres états : les agriculteurs avaient part à la législation, aussi - bien que les grands du Royaume ; & un jeune Prince donnait les plus grandes espérances d'être digne de commander à une nation libre. Là c'était quelque chose de plus étrange ; le seul Roi qui fût despotique de droit sur la terre par un contract formel avec son peuple, était en même temps le plus jeune & le plus juste des Rois.

Chez les Sarmates Amazan vit un Philosophe sur le trone ; on pouvait l'appeller le Roi de l'anarchie, car il était le chef de cent mille petits Rois, dont un seul pouvait d'un mot anéantir les résolutions de tous les autres. Eole n'avait pas plus de peine à contenir tous les vents qui se combattent sans cesse, que ce Monarque n'en avait à concilier les esprits; c'était un pilote environné d'un éternel orage, & cependant le vaisseau ne se brisait pas : car le Prince était un excellent pilote.

En parcourant tous ces pays, si différents de sa patrie, Amazan refusait constamment toutes les bonnes fortunes qui se présentaient à lui, toujours désespéré du baiser que Formosante avait donné au Roi d'Egypte, toujours affermi dans son inconcevable résolution de donner à Formosante l'exemple d'une fidélité unique & inébranlable.

La Princesse de Babilone avec le Phénix le suivait par-tout à la piste, & ne le manquait jamais que d'un jour ou deux, sans que l'un se lassât de courir, & sans que l'autre perdît un moment à le suivre.

Ils traversérent ainsi toute la Germanie ; ils admirèrent les progrès que la raifon & la philofophie faifaient dans le Nord ; tous les Princes y étaient inftruits, tous autorifaient la liberté de penfer ; leur éducation n'avait point été confiée à des hommes qui euffent intérêt de les tromper ou qui fuffent trompés eux - mêmes ; on les avait élevés dans la connaiffance de la morale univerfelle & dans le mépris des fuperftitions ; on avait banni dans to us ces états un ufage infenfé qui énervait & dépeuplait plufieurs pays méridionaux ; cette coutume était d'enterrer tout vivans dans de vaftes cachots un nombre infini des deux fexes éternellement féparés l'un de l'autre, & de leur faire jurer de n'avoir jamais de communication enfemble. Cet excès de démence accrédité pendant des fiècles avait dévafté la terre autant que les guerres les plus cruelles.

Les Princes du Nord avaient à la fin compris que fi l'on voulait avoir des haras, il ne fallait pas féparer les plus forts chevaux des cavales. Ils avaient détruit auffi des erreurs non moins bizares & non moins pernicieufes. Enfin les hommes ofaient être raifonnables dans ces vaftes pays, tandis qu'ailleurs on croyait encore qu'on ne peut les gouverner qu'autant qu'ils font imbéciles.

§. 7.

'Amazan arrriva chez les Bataves; fon cœur éprouva une douce fatisfaction dans fon chagrin, d'y retrouver quelque faible image du pays des heureux Gangarides; la liberté, l'égalité; la propreté, l'abondance, la tolérance; mais les Dames du pays étaient fi froides qu'aucune ne lui fit d'avances comme on lui en avait fait partout ailleurs, il n'eut pas la peine de réſiſter. S'il avait voulu attaquer ces dames, il les aurait toutes ſubjuguées l'une après l'autre ſans être aimé d'aucune; mais il était bien éloigné de ſonger à faire des conquêtes.

Formoſante fut ſur le point de l'attraper chez cette nation inſipide: il ne s'en fallut que d'un moment.

Amazan avait entendu parler chez les Bataves avec tant d'eloges d'une certaine Ile nommée Albion, qu'il s'était déterminé à s'embarquer lui & ſes licornes ſur un vaiſſeau, qui par un vent d'Orient favorable l'avait porté en quatre heures au rivage de cette terre plus célèbre que Tyr & que l'Ile Atlantide.

La belle Formoſante qui l'avait ſuivi au bord de la Duina, de la Viſtule, de l'Elbe, du Vezer, arrive enfin aux bouches du Rhin qui portait alors ſes eaux rapides dans la mer Germanique.

Elle aprend que ſon cher amant a vogué aux côtes d'Albion; elle croit voir ſon vaiſſeau, elle pouſſe des cris de joye dont toutes les dames Bataves furent ſurpriſes, n'imaginant pas qu'un jeune homme pût cauſer tant de joye. Et à l'égard du phénix, elles n'en firent pas grand cas, parce qu'elles jugèrent que ſes plumes ne pouraient probablement ſe vendre auſſi bien que celles des canards & des oiſons de leurs marais. La Princeſſe de Babilone loua ou noliza deux vaiſſeaux pour la tranſporter avec tout ſon monde dans cette bienheureuſe Ile qui allait poſſeder l'unique objet de tous ſes deſirs, l'ame de ſa vie, le Dieu de ſon cœur.

Un vent funeſte d'Occident s'éleva tout à coup dans le moment même où le fidèle & malheureux Amazan mettait pied à terre en Albion; les vaiffeaux de la Princeffe de Babilone ne purent démarer. Un ferrement de cœur, une douleur amère, une mélancolie profonde faifirent Formofante; elle fe mit au lit dans fa douleur, en attendant que le vent changeat; mais il foufla huit jours entiers avec une violence defefpérante. La Princeffe pendant ce fiècle de huit jours fe faifait lire par Irla des Romans; ce n'eft pas que les Bataves en fuffent faire; mais comme ils étaient les facteurs de l'Univers, ils vendaient l'efprit des autres nations ainfi que leurs denrées. La Princeffe fit acheter chez Marc Michel Rey tous les contes que l'on avait écrits chez les Aufoniens & chez les Welches, & dont le débit était défendu fagement chez ces peuples pour enrichir les

Bataves ; elle efpérait qu'elle trouverait dans ces hiftoires quelque avanture qui reffemblerait à la fienne , &
qui charmerait fa douleur. Irla lifait ;
le Phénix difait fon avis , & la Princeffe ne trouvait rien dans la pay-
fanne parvenue , ni dans Tanfaï, ni
dans le Sopha, ni dans les quatre Fa-
cardins qui eût le moindre raport à
fes avantures ; elle interrompait à tout
moment la lecture pour demander de
quel côté venait le vent.

§. 8.

Cependant Amazan était déja fur
le chemin de la capitale d'Albion dans
fon caroffe à fix Licornes, & rêvait
à fa Princeffe : il aperçut un équipage
verfé dans une foffe ; les domeftiques
s'étaient écartés pour aller chercher du
fecours ; le maître de l'équipage reftait

tranquilement dans fa voiture, ne té-
moignant pas la plus légère impatien-
ce, & s'amufant à fumer; car on fu-
mait alors; il fe nommait Mylord
What-then, ce qui fignifie à peu près
Mylord qu'importe, en la langue dans
laquelle je traduis ces mémoires.

Amazan fe précipita pour lui rendre fervice; il releva tout feul la voiture, tant fa force était fupérieure à
celle des autres hommes. *Mylord
qu'importe* fe contenta de dire, voilà un
homme bien vigoureux. Des ruftres
du voifinage étant accourus fe mirent
en colère de ce qu'on les avait fait
venir inutilement, & s'en prirent à
l'étranger; ils le menacèrent en l'ap-
pellant chien d'étranger, & ils vou-
lurent le battre.

Amazan en faifit deux de chaque
main, & les jetta à vingt pas; les
autres le refpectèrent, le faluèrent, lui

demandèrent pour boire : il leur donna plus d'argent qu'ils n'en avaient jamais vû. *Mylord qu'importe* lui dit,
je vous eftime ; venez diner avec moi
dans ma maifon de campagne qui n'eft
qu'à trois milles ; il monta dans la
voiture d'Amazan, parce que la fienne était dérangée par la fecouffe.

Après un quart-d'heure de filence,
il regarda un moment Amazan, & lui
dit, *how dye do*, à la lettre, *comment faites - vous faire ?* & dans la
langue du traducteur, *comment vous
portez - vous ?* ce qui ne veut rien dire du tout en aucune langue ; puis il
ajouta, vous avez là fix jolies Licornes ; & il fe remit à fumer.

Le voyageur lui dit que fes Licornes étaient à fon fervice, qu'il venait
avec elles du pays des Gangarides,
& il en prit occafion de lui parler de
la Princeffe de Babilone & du fatal
baifer.

baifer qu'elle avait donné au Roi d'E-
gypte ; à quoi l'autre ne répliqua rien
du tout, fe fouciant très peu qu'il y
eût dans le monde un Roi d'Egypte &
une Princeffe de Babilone. Il fut
encor un quart d'heure fans parler;
après quoi il redemanda à fon com-
pagnon comment il faifait faire ; &
fi on mangeait de bon Roft-Beeff
dans le pays des Gangarides. Le voyageur lui répondit avec fa politeffe
ordinaire qu'on ne mangeait point
fes frères fur les bords du Gange.
Il lui expliqua le fyftème qui fut après
tant de fiècles celui de Pithagore, de
Porphire, d'Iamblique. Sur quoi Mylord s'endormit, & ne fit qu'un fomme
jufqu'à ce qu'on fût arrivé à fa maifon.

Il avait une femme jeune & charmante, à qui la nature avait donné
une ame auffi vive & auffi fenfible
que celle de fon mari était indiffé-

H

rente. Plusieurs Seigneurs Albioniens étaient venus ce jour-là diner avec elle. Il y avait des caractères de toutes les espèces; car le pays n'ayant presque jamais été gouverné que par des étrangers, les familles venues avec ces Princes avaient toutes aporté des mœurs différentes. Il se trouva dans la compagnie des gens très aimables, d'autres d'un esprit supérieur, quelques-uns d'une science profonde.

La maîtresse de la maison n'avait rien de cet air emprunté & gauche, de cette roideur, de cette mauvaise honte qu'on reprochait alors aux jeunes femmes d'Albion; elle ne cachait point par un maintien dédaigneux, & par un silence affecté, la stérilité de ses idées, & l'embarras humiliant de n'avoir rien à dire: nulle femme n'était plus engageante. Elle

reçut Amazan avec la politeſſe & les
graces qui lui étaient naturelles. L'extrême beauté de ce jeune étranger, &
la comparaiſon ſoudaine qu'elle fit entre lui & ſon mari, la frapérent d'a-
bord ſenſiblement.

On ſervit. Elle fit aſſeoir Amazan
à côté d'elle, & lui fit manger des pou-
dings de toute eſpèce, ayant ſçu de lui
que les Gangarides ne ſe nourriſſaient
de rien qui eût reçu des Dieux le don
céleſte de la vie. Sa beauté, ſa force, les mœurs des Gangarides, les progrès des arts, la religion & le gouvernement furent le ſujet d'une converſation auſſi agréable qu'inſtructive, pendant le repas qui dura juſqu'à la nüit,
& pendant lequel Mylord *Qu'importe*
but beaucoup & ne dit mot.

Après le diner, pendant que Myladi
verſait du thé, & qu'elle dévorait des
yeux le jeune homme, il s'entretenait

H ij

avec un membre du Parlement ; car chacun fait que dès-lors il y avait un Parlement, & qu'il s'appelloit *Witenagemot*, ce qui fignifie l'affemblée des gens d'efprit. Amazan s'informait de la conftitution, des mœurs, des loix, des forces, des ufages, des arts qui rendaient ce païs fi recommandable ; & ce Seigneur lui parlait en ces termes :

Nous avons longtems marché tout nuds, quoique le climat ne foit pas chaud. Nous avons été longtems traités en efclaves par des gens venus de l'antique terre de Saturne arrofée des eaux du Tibre. Mais nous nous fommes faits nous-mêmes beaucoup plus de maux que nous n'en avions effuyé de nos premiers vainqueurs. Un de nos Rois pouffa la baffeffe jufqu'à fe déclarer fujet d'un prêtre qui demeurait auffi fur les bords du Tibre, &

qu'on apellait le Vieux des sept montagnes ; tant la destinée de ces sept montagnes a été longtems de dominer sur une grande partie de l'Europe, habitée alors par des brutes.

Après ces tems d'avilissement sont venus des siècles de férocité & d'anarchie. Notre terre plus orageuse que les mers qui l'environnent, a été saccagée & ensanglantée par nos discordes ; plusieurs têtes couronnées ont péri par le dernier suplice ; plus de cent princes du sang des rois ont fini leurs jours sur l'échaffaut. On a arraché le cœur à tous leurs adhérans, & on en a battu leurs joues. C'était au boureau qu'il apartenait d'écrire l'histoire de notre Ile, puisque c'était lui qui avait terminé toutes les grandes affaires.

Il n'y a pas longtems que pour comble d'horreur, quelques personnes portant un manteau noir, & d'autres qui

H iij

mettaient une chemise blanche par deffus leur jaquette, ayant été mordues
par des chiens enragés, communiqué-
rent la rage à la nation entiére. Tous
les citoyens furent ou meurtriers ou
égorgés, ou boureaux, ou supliciés, ou
déprédateurs, ou esclaves au nom du
ciel, & en cherchant le Seigneur.

Qui croirait que de cet abîme épouvantable, de ce cahos de diffentions,
d'atrocités, d'ignorance & de fanatif-
me, il eft enfin réfulté le plus parfait
gouvernement, peut-être, qui foit aujourd'hui dans le monde.   Un Roi ho-
noré & riche, tout-puiffant pour faire
le bien, impuiffant pour faire le mal,
eft à la tête d'une nation libre, guer-
riére, commerçante & éclairée.   Les
grands d'un côté, & les repréfentans
des villes de l'autre, partagent la lé-
giflation avec le Monarque.

On avait vu, par une fatalité fin-

gulière, le défordre, les guerres civi-
les, l'anarchie & la pauvreté défoler
le pays quand les Rois affectaient le pou-
voir arbitraire. La tranquilité, la ri-
cheffe, la félicité publique n'ont régné
chez nous que quand les Rois ont reconnu qu'ils n'étaient pas abfolus. Tout
était fubverti quand on difputait fur
des chofes inintelligibles : tout a été
dans l'ordre quand on les a méprifées.
Nos flottes victorieufes portent nôtre
gloire fur toutes les mers, & les loix
mettent en fureté nos fortunes : jamais
un juge ne peut les expliquer arbitrai-
rement : jamais on ne rend un arrêt
qui ne foit motivé. Nous punirions
comme des affaffins, des juges qui ofe-
raient envoyer à la mort un citoyen
fans manifefter les témoignages qui l'ac-
cufent & la loi qui le condamne.

Il eft vrai qu'il y a toujours chez
nous deux partis qui fe combattent avec

la plume & avec des intrigues; mais aussi ils se réunissent toujours quand il s'agit de prendre les armes pour défendre la patrie & la liberté. Ces deux partis veillent l'un sur l'autre; ils s'empêchent mutuellement de violer le dépôt sacré des loix; ils se haïssent, mais ils aiment l'Etat; ce sont des amants jaloux qui servent à l'envi la même maîtresse.

Du même fonds d'esprit qui nous a fait connaître & soutenir les droits de la nature humaine, nous avons porté les sciences au plus haut point où elles puissent parvenir chez les hommes. Vos Egyptiens qui passent pour de si grands méchaniciens, vos Indiens qu'on croit de si grands philosophes, vos Babiloniens qui se vantent d'avoir observé les astres pendant quatre cent trente mille années; les Grecs qui ont écrit tant de phrases & si peu de choses, ne savent

précifément rien en comparaifon de
nos moindres écoliers qui ont étudié
les découvertes de nos grands maîtres.
Nous avons arraché plus de fecrets à
la nature dans l'efpace de cent années,
que le genre humain n'en avait découvert dans la multitude des fiècles.

Voilà au vrai l'état où nous fommes. Je ne vous ai caché ni le bien,
ni le mal, ni nos oprobres, ni notre
gloire ; & je n'ai rien exagéré.

Amazan à ce difcours fe fentit pénétré du defir de s'inftruire dans ces
fciences fublimes dont on lui parlait ;
& fi fa paffion pour la Princeffe de
Babilone, fon refpect filial pour fa mère
qu'il avait quittée, & l'amour de fa
patrie n'euffent fortement parlé à fon
cœur déchiré, il aurait voulu paffer
fa vie dans l'île d'Albion. Mais ce
malheureux baifer donné par fa Princeffe au Roi d'Egypte ne lui laiffait

pas affez de liberté dans l'efprit pour étudier les hautes fciences.

Je vous avoue, dit-il, que m'ayant impofé la loi de courir le monde, & de m'éviter moi-même, je ferais curieux de voir cette antique terre de Saturne, ce peuple du Tibre & des fept montagnes à qui vous avez obéï autrefois; il faut fans doute que ce foit le premier peuple de la terre. Je vous confeille de faire ce voyage, lui répondit l'Albionien, pour peu que vous aimiez la mufique & la peinture. Nous allons très-fouvent nous-mêmes porter quelquefois nôtre ennui vers les fept montagnes. Mais vous ferez bien étonné en voyant les defcendans de nos vainqueurs.

Cette converfation fut longue. Quoique le bel Amazan eût la cervelle un peu attaquée, il parlait avec tant d'a-gréments, fa voix était fi touchante,

fon maintien fi noble & fi doux, que
la maîtreffe de la maifon ne put s'empêcher de l'entretenir à fon tour tête à tête. Elle lui ferra tendrement la main en
lui parlant, & en le regardant avec des
yeux humides & étincelants qui portaient les défirs dans tous les reffots
de la vie. Elle le retint à fouper &
à coucher. Chaque inftant, chaque parole, chaque regard enflammèrent fa
paffion. Dès que tout le monde fut
retiré, elle lui écrivit un petit billet,
ne doutant pas qu'il ne vint lui faire
la cour dans fon lit, tandis que Mylord
Qu'importe dormait dans le fien. Amazan eut encor le courage de réfifter ;
tant un grain de folie produit d'effets
miraculeux dans une ame forte & profondément bleffée.

Amazan felon fa coutume fit à la
Dame une réponfe refpectueufe, par
laquelle il lui repréfentait la fainteté de

fon ferment & l'obligation étroite où il était d'aprendre à la Princeffe de Babilone à dompter fes paffions; après quoi il fit atteler fes licornes, & repartit pour la Batavie, laiffant toute la compagnie émerveillée de lui, & la Dame du logis défefpérée. Dans l'excès de fa douleur elle laiffa trainer la lettre d'Amazan; Mylord *Qu'importe* la lut le lendemain matin. Voila, dit-il en levant les épaules, de bien plattes niaiferies: & il alla chaffer au renard avec quelques yvrognes du voifinage.

Amazan voguait déja fur la mer, muni d'une carte géographique dont lui avait fait préfent le favant Albionien qui s'était entretenu avec lui chez Mylord *Qu'importe*. Il voyait avec furprife une grande partie de la terre fur une feuille de papier.

Ses yeux & fon imagination s'égaraient dans ce petit espace ; il regardait le Rhin, le Danube, les Alpes du Tirol marqués alors par d'autres noms, & tous les pays par où il devait passer avant d'arriver à la ville des sept montagnes ; mais sur-tout il jettait les yeux sur la contrée des Gangarides, sur Babilone où il avait vu sa chère Princesse, & sur le fatal pays de Bassora où elle avait donné un baiser au Roi d'Egypte. Il soupirait, il versait des larmes, mais il convenait que l'Albionien qui lui avait fait présent de l'Univers en racourci, n'avait point eu tort en disant qu'on était mille fois plus instruit sur les bords de la Tamise que sur ceux du Nil, de l'Euphrate & du Gange.

Comme il retournait en Batavie, Formosante volait vers Albion, avec ses deux vaisseaux qui cinglaient à pleines voiles ; celui d'Amazan & celui de la

Princeffe fe croisèrent, fe touchèrent prefque : les deux amans étaient près l'un de l'autre, & ne pouvaient s'en douter : ah, s'ils l'avaient fçu ! mais l'impérieufe deftinée ne le permit pas.

§. 9.

Sitôt qu'Amazan fut débarqué fur le terrain égal & fangeux de la Batavie, il partit comme un éclair pour la ville aux fept montagnes. Il fallut traverfer la partie méridionale de la Germanie. De quatre miles en quatre miles on trouvait un Prince & une Princeffe, des filles d'honneur & des gueux. Il était étonné des coquetteries que ces dames & ces filles d'honneur lui faifaient par-tout avec la bonne foi germanique ; & il n'y répondait que par de modeftes refus. Après avoir franchi les Alpes, il s'embarqua fur la mer de Dalmatie, & aborda dans une ville qui ne reffemblait à rien du tout de ce qu'il avait vu jufqu'alors. La mer formait les rues, les maifons étaient bâties dans l'eau. Le peu de places publiques qui ornaient cette ville était couvert d'hommes & de femmes qui avaient un double vifage, celui que la nature leur avait donné & une face de carton mal peint qu'ils apliquaient par deffus; en forte que la nation femblait compofée de fpectres. Les étrangers qui venaient dans cette contrée commençaient par acheter un vifage, comme on fe pourvoit ailleurs de bonnets & de fouliers. Amazan dédaigna cette mode contre nature, il fe préfenta tel qu'il était. Il y avait dans la ville douze mille filles enrégiftrées dans le grand livre de la République; filles utiles à l'Etat, chargées du commerce le plus avantageux & le plus agréable qui ait jamais enrichi une nation. Les négocians ordinaires envoyaient à grands fraix & à grands risques des étoffes dans l'Orient : ces belles négociantes faisaient sans aucun risque un trafic toujours renaissant de leurs attraits. Elles vinrent toutes se présenter au bel Amazan & lui offrir le choix. Il s'enfuit au plus vite en prononçant le nom de l'incomparable Princesse de Babilone , & en jurant par les dieux immortels qu'elle était plus belle que toutes les douze mille filles Vénitiennes. Sublime friponne, s'écriait-il dans ses transports, je vous aprendrai à être fidèle.

Enfin les ondes jaunes du Tibre, des marais empestés, des habitans haves, décharnés & rares, couverts de vieux manteaux troués, qui laissaient voir leur peau séche & tannée, se presentèrent à ses yeux, & lui annoncèrent qu'il qu'il était à la porte de la ville aux sept montagnes, de cette ville de Héros & de Légiflateurs qui avaient conquis & policé une grande partie du Globe.

Il s'était imaginé qu'il verrait à la porte triomphale cinq cent bataillons commandés par des héros, & dans le Sénat une affemblée de demi-dieux donnant des loix à la terre ; il trouva pour toute armée une trentaine de gredins montant la garde avec un parafol de peur du foleil : ayant pénétré jufqu'à un temple qui lui parut très beau, mais moins que celui de Babilone, il fut affez furpris d'y entendre une mufique exécutée par des hommes qui avaient des voix de femmes.

Voilà, dit-il, un plaifant pays que cette antique terre de Saturne. J'ai vu une ville où perfonne n'avait fon vifage, en voici une autre où les

I

hommes n'ont ni leur voix ni leur barbe. On lui dit que ces chantres n'étaient plus hommes, qu'on les avait dépouillés de leur virilité, afin qu'ils chantaſſent plus agréablement les louanges d'une prodigieuſe quantité de gens de mérite. Amazan ne comprit rien à ce diſcours. Ces meſſieurs le prièrent de chanter; il chanta un air Gangaride avec ſa grace ordinaire. Sa voix était une très belle haute-contre. Ah! mon ſignor, lui dirent-ils, quel charmant ſoprano vous auriez, ah! ſi — comment ſi? que prétendez vous dire? — ah mon ſignor! — Eh bien? — ſi vous n'aviez point de barbe! alors ils lui expliquèrent très plaiſamment & avec des geſtes fort comiques ſelon leur coutume de quoi il était queſtion. Amazan demeura tout confondu. J'ai voyagé, dit-il, & jamais je n'ai entendu parler d'une telle fantaiſie.

Lorfqu'on eut bien chanté, le Vieux des fept montagnes alla en grand cortège à la porte du temple ; il coupa l'air en quatre avec le pouce élevé, deux doigts étendus & deux autres pliés, en difant ces mots dans une langue qu'on ne parlait plus, *à la Ville & à l'Univers.* (*) Le Gangaride ne pouvait comprendre que deux doigts puffent atteindre fi loin.

Il vit bientôt défiler toute la cour du maître du monde ; elle était compofée de graves perfonnages, les uns en robes rouges, les autres en violet ; prefque tous regardaient le bel Amazan en adouciffant les yeux ; ils lui faifaient des revérences, & fe difaient l'un à l'autre, *San Martino, che bel' ragazzo ! San Pancratio, che bel' fanciullo !*

Les ardents, dont le métier était de montrer aux étrangers les curiofités de la ville, s'empreffèrent de lui faire

I ij

(*) Urbi & Orbi.

voir des mazures où un muletier ne voudrait pas passer la nuit, mais qui avaient été autrefois de dignes monuments de la grandeur d'un peuple Roi. Il vit encor des tableaux de deux cent ans, & des statues de plus de vingt siècles, qui lui parurent des chefs-d'œuvre. Faites vous encor de pareils ouvrages? Non, Vôtre Excellence, lui répondit un des ardents, mais nous méprisons le reste de la terre, parce que nous conservons ces raretés. Nous sommes des espèces de fripiers qui tirons nôtre gloire des vieux habits qui restent dans nos magazins.

Amazan voulut voir le palais du Prince, on l'y conduisit. Il vit des hommes en violet qui comptaient l'argent des revenus de l'état, tant d'une terre située sur le Danube, tant d'une autre sur la Loire, ou sur le Guadalquivir, ou sur la Vistule. Oh oh, dit Amazan après avoir consulté sa carte de

géographie, vôtre maître poſſède donc
toute l'Europe comme ces anciens héros
des ſept montagnes? Il doit poſſéder
l'univers entier de droit divin, lui
répondit un violet; & même il a été
un temps où ſes prédéceſſeurs ont apro-
ché de la Monarchie univerſelle; mais
leurs ſucceſſeurs ont la bonté de ſe con-
tenter aujourd'hui de quelque argent
que les Rois leurs ſujets leur font payer
en forme de tribut.

Votre Maître eſt donc en effet le Roi
des Rois, c'eſt donc là ſon titre? dit
Amazan. Non, vôtre Excellence, ſon
titre eſt *ſerviteur des ſerviteurs*; il eſt
originairement poiſſonnier & portier,
& c'eſt pourquoi les emblêmes de ſa
dignité ſont des clefs & des filets;
mais il donne toujours des ordres à
tous les Rois. Il n'y a pas longtems
qu'il envoya cent & un commande-
ments à un Roi du pays des Celtes,
& le Roi obéit.   I iij

Vôtre poiſſonnier, dit Amazan, envoya donc cinq ou ſix cent mille hommes pour faire éxécuter ſes cent & une volontés?

Point du tout, votre Excellence, nôtre Saint Maître n'eſt pas aſſez riche pour ſoudoyer dix mille ſoldats ; mais il a quatre à cinq cent mille prophêtes divins diſtribués dans les autres pays. Ces prophêtes de toutes couleurs ſont, comme de raiſon, nourris aux dépens des peuples ; ils annoncent de la part du ciel que mon Maître peut avec ſes clefs ouvrir & fermer toutes les ſerrures , & ſur-tout celles des coffres forts. Un prêtre Normand qui avait auprès du Roi dont je vous parle, la charge de confident de ſes penſées, le convainquit qu'il devait obéir ſans replique aux cent & une penſées de mon maître ; car il faut que vous ſachiez qu'une des prérogatives du Vieux des ſept montagnes eſt d'avoir toujours raiſon, ſoit qu'il daigne parler, ſoit qu'il daigne écrire.

Parbleu, dit Amazan, voilà un ſingulier homme; je ſerais curieux de diner avec lui. Votre Excellence, quand vous ſeriez Roi, vous ne pouriez manger à ſa table; tout ce qu'il pourait faire pour vous, ce ſerait de vous en faire ſervir une à côté de lui plus petite & plus baſſe que la ſienne. Mais ſi vous voulez avoir l'honneur de lui parler, je lui demanderai audiance pour vous, moyennant la *buona mancia* que vous aurez la bonté de me donner. Très-volontiers, dit le Gangaride. Le violet s'inclina. Je vous introduirai demain, dit-il; vous ferez trois génuflexions, & vous baiſerez les pieds du Vieux des ſept montagnes. A ces mots Amazan fit de ſi prodigieux éclats de rire, qu'il fut prêt de ſuffoquer; il ſortit en ſe tenant les côtés, & rit aux larmes pendant tout le chemin, jufqu'à-ce qu'il fut arrivé à fon hôtellerie, où il rit encore très-longtems.

A fon diner, il fe préfenta vingt hommes fans barbe & vingt violons qui lui donnèrent un concert. Il fut courtifé le refte de la journée par les Seigneurs les plus importans de la ville ; ils lui firent des propofitions encore plus étranges que celles de baifer les pieds du Vieux des fept montagnes. Comme il était extrêmement poli, il crut d'abord que ces meffieurs le prenaient pour une dame, & les avertit de leur méprife avec l'honnêteté la plus circonfpecte. Mais étant preffé un peu vivement par deux ou trois des plus déterminés violets, il les jetta par les fenêtres, fans croire faire un grand facrifice à la belle Formofante. Il quitta au plus vite cette ville des maîtres du monde, où il fallait baifer un vieillard à l'orteil, comme fi fa joüe était à fon pied, & où l'on n'abordait les jeunes gens qu'avec des cérémonies encore plus bizarres.

§. 10.

De province en province ayant toujours repouffé les agaceries de toute efpèce, toujours fidèle à la Princeffe de Babilone, toujours en colère contre le Roi d'Egypte, ce modèle de conftance parvint à la capitale nouvelle des Gaules. Cette ville avait paffé comme tant d'autres par tous les degrés de la barbarie, de l'ignorance, de la fottife & de la misère. Son premier nom avait été, la boue & la crotte; enfuite elle avait pris celui d'Ifis, du culte d'Ifis parvenu jufques chez elle. Son premier Sénat avait été une compagnie de bateliers. Elle avait été longtems efclave des héros déprédateurs des fept montagnes, & après quelques siècles d'autres héros brigands venus de la rive ultérieure du Rhin, s'étaient emparés de son petit terrein.

Le tems qui change tout, en avait fait une ville dont la moitié était très noble & très agréable, l'autre un peu grossiére & ridicule : c'était l'emblême de ses habitans. Il y avait dans son enceinte environ cent mille personnes au moins qui n'avaient rien à faire qu'à jouer & à se divertir. Ce peuple d'oisifs jugeait des arts que les autres cultivaient. Ils ne savaient rien de ce qui se passait à la cour ; quoiqu'elle ne fût qu'à quatre petits milles d'eux, il semblait qu'elle en fût à six cent milles au moins. La douceur de la societé, la gayeté, la frivolité étaient leur importante & leur unique affaire : on les gouvernait comme des enfants à qui l'on prodigue des jouets pour les empêcher de crier. Si on leur parlait des horreurs qui avaient deux fiècles auparavant défolé leur patrie, & des temps épouvantables où la moitié de la nation avait maffacré l'autre pour des fophifmes, ils difaient qu'en effet cela n'était pas bien ; & puis ils fe mettaient à rire & à chanter des vaudevilles.

Plus les oififs étaient polis, plaifants & aimables, plus on obfervait un trifte contrafte entre eux & des compagnies d'occupés.

Il était parmi ces occupés ou qui prétendaient l'être, une troupe de fombres fanatiques, moitié abfurdes, moitié fripons, dont le feul afpect contriftait la terre, & qui l'auraient bouleverfée s'ils l'avaient pu pour fe donner un peu de crédit. Mais la nation des oififs en danfant & en chantant les faifait rentrer dans leurs cavernes, comme les oifeaux obligent les chats-huants à se replonger dans les trous des mazures.

D'autres occupés en plus petit nombre, étaient les conservateurs d'anciens usages barbares contre lesquels la nature effrayée réclamait à haute voix; ils ne consultaient que leurs régistres rongés des vers. S'ils y voyaient une coutume insensée & horrible, ils la regardaient comme une loi sacrée. C'est par cette lâche habitude de n'oser penser par eux-mêmes & de puiser leurs idées dans les débris des temps où l'on ne pensait pas, que dans la ville des plaisirs il était encor des mœurs atroces. C'est par cette raison qu'il n'y avait nulle proportion entre les délits & les peines. On faisait quelquefois souffrir mille morts à un innocent pour lui faire avouer un crime qu'il n'avait pas commis.

On punissait une étourderie de jeune

homme comme on aurait puni un em-
poisonnement ou un parricide. Les oisifs en poussaient des cris perçants, &
le lendemain ils n'y pensaient plus,
& ne parlaient que de modes nouvelles.

Ce peuple avait vu s'écouler un
siècle entier, pendant lequel les beaux
arts s'élevèrent à un degré de perfe-
ction qu'on n'aurait jamais osé espérer;
les étrangers venaient alors comme à
Babilone admirer les grands monuments d'architecture, les prodiges des
jardins, les sublimes efforts de la sculptu-
re & de la peinture. Ils étaient enchantés d'une musique qui allait à l'ame
sans étonner les oreilles.

La vraye poësie, c'est-à-dire celle
qui est naturelle & harmonieuse, celle
qui parle au cœur autant qu'à l'esprit,
ne fut connue de la nation que dans cet
heureux siècle. De nouveaux genres

d'éloquence déploiérent des beautés sublimes. Les théatres fur-tout retentirent de chefs-d'œuvre dont aucun peuple n'aprocha jamais. Enfin le bon goût fe répandit dans toutes les profeffions, au point qu'il y eut de bons écrivains même chez les Druides.

Tant de lauriers qui avaient levé leurs têtes jufqu'aux nuës fe fechèrent bientôt dans une terre épuifée. Il n'en refta qu'un très petit nombre dont les feuilles étaient d'un verd pâle & mourant. La décadence fut produite par la facilité de faire, & par la pareffe de bien faire, par la fatieté du beau, & par le gout du bizarre. La vanité protégea des artiftes qui ramenaient les temps de la barbarie: & cette même vanité en perfécutant les talens véritables, les força de quitter leur patrie; les frelons firent difparaître les abeilles.

Prefque plus de véritables arts, prefque plus de génie, le mérite confiftait à raifonner à tort & à travers fur le mérite du fiècle paffé; le barbouilleur des murs d'un cabaret, critiquait favamment les tableaux des grands peintres, les barbouilleurs de papier défiguraient les ouvrages des grands écrivains. L'ignorance & le mauvais gout avaient d'autres barbouilleurs à leurs gages; on répétait les mêmes chofes dans cent volumes fous des titres différens. Tout était ou dictionaire ou brochure. Un gazetier Druide écrivait deux fois par femaine les annales obfcures de quelques énergumènes ignorés de la nation , & de prodiges céleftes opérés dans des galetas par de petits gueux & de petites gueufes ; d'autres ex-druides vétus de noir, prêts de mourir de colère & de faim , fe plaignaient dans cent écrits qu'on ne leur permit plus de tromper les hommes & qu'on laiſſât ce droit à des boucs vétus de gris. Quelques archidruides imprimaient des libelles diffamatoires.

Amazan ne ſavait rien de tout cela ; & quand il l'aurait ſçu, il ne s'en ferait guères embarraſſé, n'ayant la tête remplie que de la Princeſſe de Babilone, du Roi d'Egypte, & de ſon ſerment inviolable de mépriſer toutes les coquetteries des dames dans quelque pays que le chagrin conduiſit ſes pas.

Toute la populace légère, ignorante, & toujours pouſſant à l'excès cette curioſité naturelle au genre humain, s'empreſſa longtems autour de ſes licornes ; les femmes plus ſenſées forcèrent les portes de ſon hotel pour contempler ſa perſonne.

Il témoigna d'abord à ſon hôte quelque déſir d'aller à la cour ; mais des oiſifs de bohne compagnie qui ſe trouvèrent

vèrent là par hazard, lui dirent que
ce n'était plus la mode, que les tems
étaient bien changés, & qu'il n'y avait
plus de plaifirs qu'à la ville. Il fut
invité le foir même à fouper par une
Dame dont l'efprit & les talents étaient
connus hors de fa patrie, & qui avait
voyagé dans quelques pays où Amazan avait paffé. Il gouta fort cette Dame & la focieté raffemblée chez elle.
La liberté y était décente, la gayeté
n'y était point bruyante, la fcience n'y
avait rien de rebutant, & l'efprit rien
d'aprêté. Il vit que le nom de bonne
compagnie n'eft pas un vain nom, quoiqu'il foit fouvent ufurpé. Le lendemain
il dina dans une focieté non moins aimable, mais beaucoup plus voluptueufe. Plus il fut fatisfait des convives,
plus on fut content de lui. Il fentait
fon ame s'amollir & fe diffoudre comme les Aromates de fon pays fe fon-

K

dent doucement à un feu modéré, &
s'exhalent en parfums délicieux.

Après le diner on le mena à un fpectacle enchanteur, condamné par les
Druides, parce qu'il leur enlevait les
auditeurs dont ils étaient les plus jaloux.
Ce fpectacle était un compofé de vers
agréables, de chants délicieux, de dan-
fes qui exprimaient les mouvements
de l'ame, & de perfpectives qui char-
maient les yeux en les trompant. Ce
genre de plaifir qui raffemblait tant de
genres n'était connu que fous un nom
étranger; il s'appelait *Opéra*, ce qui fi-
gnifiait autrefois dans la langue des fept
montagnes, travail, foin, occupation,
induftrie, entreprife, befogne, affaire.
Cette affaire l'enchanta. Une fille fur-
tout le charma par fa voix mélodi-
eufe, & par les graces qui l'accompa-
gnaient : cette fille *d'affaire* après
le fpectacle lui fut préfentée par fes

nouveaux amis. Il lui fit préfent d'une poignée de diamants. Elle en fut fi reconnaiffante qu'elle ne put le quitter du refte du jour. Il foupa avec elle, & pendant le repas il oublia fa fobrieté, & après le repas il oublia fon ferment d'être toujours infenfible à la beauté, & inéxorable aux tendres coquetteries. Quel exemple de la faibleffe humaine!

La belle Princeffe de Babilone arrivait alors avec le phénix, fa femme de chambre Irla & fes deux cent cavaliers Gangarides montés fur leurs Licornes. Il fallut attendre affez longtemps pour qu'on ouvrit les portes. Elle demanda d'abord fi le plus beau des hommes, le plus courageux, le plus fpirituel & le plus fidèle était encor dans cette ville. Les Magiftrats virent bien qu'elle voulait parler d'Amazan. Elle fe fit conduire à fon hôtel, elle entra le cœur palpitant d'amour ; toute fon ame était

pénétrée de l'inexprimable joye de revoir enfin dans son amant le modèle de
la constance. Rien ne put l'empêcher
d'entrer dans sa chambre ; les rideaux
étaient ouverts ; elle vit le bel Amazan
dormant entre les bras d'une jolie brune.
Ils avaient tous deux un très grand be-
soin de repos.

Formosante jetta un cri de douleur
qui retentit dans toute la maison , mais
qui ne put éveiller ni son cousin, ni
la fille *d'affaire*. Elle tomba pâmée entre
les bras d'Irla. Dès qu'elle eut repris
ses sens, elle sortit de cette chambre fatale avec une douleur mêlée de rage.
Irla s'informa quelle était cette jeune
demoiselle qui passait des heures si dou-
ces avec le bel Amazan. On lui dit
que c'était une fille *d'affaire* fort com-
plaisante, qui joignait à ses talents celui
de chanter avec assez de grace. O juste ciel! ô puissant Orosmade! s'écriait

la belle Princeſſe de Babilone toute en pleurs, par qui ſuis-je trahie & pour qui ! ainſi donc celui qui a refuſé pour moi tant de Princeſſes m'abandonne pour une farceuſe des Gaules ! non, je ne pourai ſurvivre à cet affront.

Madame, lui dit irla, voilà comme ſont faits tous les jeunes gens d'un bout du monde à l'autre ; fuſſent-ils amoureux d'une beauté deſcendue du ciel, ils lui feraient dans de certains moments des infidélités pour une ſervante de cabaret.

C'en eſt fait, dit la Princeſſe, je ne le reverrai de ma vie ; partons dans l'inſtant même, & qu'on attelle mes Licornes. Le Phénix la conjura d'attendre au moins qu'Amazan fût éveillé, & qu'il pût lui parler. Il ne le mérite pas, dit la Princeſſe ; vous m'offenſeriez cruellement ; il croirait que je vous ai prié de lui faire des repro-

ches, & que je veux me raccommo-
der avec lui ; fi vous m'aimez, n'ajoutez
pas cette injure à l'injure qu'il m'a faite. Le phénix qui après tout devait la
vie à la fille du Roi de Babilone, ne
put lui défobéir. Elle repartit avec
tout fon monde. Où allons-nous, madame ? lui demandait Irla ; je n'en fais
rien, répondait la Princeffe ; nous pren-
drons le premier chemin que nous
trouverons ; pourvu que je fuie Amazan pour jamais, je fuis contente. Le
Phénix qui était plus fage que Formofante, parce qu'il était fans paffion,
la confolait en chemin ; il lui remon-
trait avec douceur qu'il était trifte de
fe punir pour les fautes d'un autre ;
qu'Amazan lui avait donné des preuves
affez éclatantes & affez nombreufes
de fidélité pour qu'elle pût lui pardonner de s'être oublié un moment ;
que c'était un jufte à qui la grace

d'Orofmade avait manqué; qu'il n'en ferait que plus conftant déformais dans l'amour & dans la vertu; que le défir d'expier fa faute le mettrait au-deffus de lui - même; qu'elle n'en ferait que plus heureufe; que plufieurs grandes Princeffes avant elle avaient pardonné de femblables écarts & s'en étaient bien trouvées; il lui en raportait des exemples; & il poffédait tellement l'art de conter, que le cœur de Formofante fut enfin plus calme & plus paifible; elle aurait voulu n'être point fi-tôt partie; elle trouvait que fes Licornes allaient trop vite: mais elle n'ofait revenir fur fes pas; combattue entre l'envie de pardonner & celle de montrer fa colère, entre fon amour & fa vanité, elle laiffait aller fes Licornes; elle courait le monde felon la prédiction de l'oracle de fon père.

K iiij

Amazan à fon réveil aprend l'arrivée & le départ de Formofante & du
Phénix ; il aprend le défefpoir & le
couroux de la Princeffe ; on lui dit
qu'elle a juré de ne lui pardonner jamais : Il ne me refte plus , s'écria-t-il ,
qu'à la fuivre & à me tuer à fes pieds.

Ses amis de la bonne compagnie
des oififs accoururent au bruit de cette
avanture; tous lui remontrérent qu'il
valait infiniment mieux demeurer avec
eux ; que rien n'était comparable à la
douce vie qu'ils menaient dans le fein
des arts & d'une volupté tranquille &
délicate; que plufieurs étrangers &
des Rois mêmes avaient préféré ce
repos fi agréablement occupé & fi enchanteur, à leur patrie & à leur trône ;
que d'ailleurs fa voiture était brifée,
& qu'un fellier lui en faifait une à la
nouvelle mode; que le meilleur tailleur
de la ville lui avait déja coupé une dou-

zaine d'habits du dernier goût ; que les Dames les plus spirituelles & les plus aimables de la ville chez qui on jouait très bien la comédie, avaient retenu chacune leur jour pour lui donner des fêtes. La fille *d'affaires* pendant ce temps-là prenait son chocolat à sa toilette, riait, chantait, & faisait des agaceries au bel Amazan, qui s'aperçut enfin qu'elle n'avait pas le sens d'un oison.

Comme la sincérité, la cordialité, la franchise, ainsi que la magnanimité & le courage, composaient le caractère de ce grand Prince, il avait conté ses malheurs & ses voyages à ses amis ; ils savaient qu'il était cousin issu de germain de la Princesse ; ils étaient informés du baiser funeste donné par elle au Roi d'Egypte ; on se pardonne, lui dirent-ils, ces petites frasques entre parents, sans quoi il faudrait passer sa vie dans d'éternelles querelles : rien n'ébranla son des-

fein de courir après Formofante ; mais
fa voiture n'étant pas prête, il fut obligé
de paffer trois jours parmi les oififs
dans les fêtes & dans les plaifirs : enfin,
il prit congé d'eux en les embraffant,
en leur faifant accepter les diamants de
fon pays les mieux montés, en leur
recommandant d'être toujours légers
& frivoles, puifqu'ils n'en étaient que
plus aimables & plus heureux. Les Ger-
mains, difait-il, font les vieillards de
l'Europe, les peuples d'Albion font
les hommes faits, les habitans de la
Gaule font les enfans, & j'aime à jouer
avec eux.

§. I I.

Ses guides n'eurent pas de peine à
fuivre la route de la Princeffe ; on ne
parlait que d'elle & de fon gros oifeau. Tous les habitans étaient encor
dans l'entoufiafme de l'admiration. Les

peuples de la Dalmatie & de la Marche d'Ancône éprouvèrent depuis une surprise moins délicieuse, quand ils virent une maison voler dans les airs; les bords de la Loire, de la Dordogne, de la Garonne, de la Gironde, retentissaient encor d'acclamations.

Quand Amazan fut aux pieds des Pirénées, les Magistrats & les Druides du pays lui firent danser malgré lui un tambourin; mais sîtôt qu'il eut franchi les Pirénées, il ne vit plus de gayeté & de joye. S'il entendit quelques chansons de loin à loin, elles étaient toutes sur un ton triste: les habitans marchaient gravement avec des grains enfilés & un poignard à leur ceinture. La nation vétue de noir semblait être en deuil. Si les domestiques d'Amazan interrogeaient les passans, ceux-ci répondaient par signes; si on entrait dans une hotellerie, le maître de la

maifon enfeignait aux gens en trois paroles qu'il n'y avait rien dans la maifon, & qu'on pouvait envoier chercher
à quelques milles les chofes dont on
avait un befoin preffant.

Quand on demandait à ces filenti-
aires s'ils avaient vu paffer la belle
Princeffe de Babilone, ils répondaient
avec moins de briéveté, nous l'avons
vue, elle n'eft pas fi belle, il n'y a
de beau que les teints bazanés; elle
étale une gorge d'albâtre qui eft la
chofe du monde la plus dégoutante,
& qu'on ne connait prefque point dans
nos climats.

Amazan avançait vers la province
arrofée du Bétis. Il ne s'était pas écou-
lé plus de douze mille années depuis
que ce pays avait été découvert par
les Tyriens, vers le même temps
qu'ils firent la découverte de la grande
Ile Atlantide fubmergée quelques fié-

cles après. Les Tyriens cultivèrent
la Bétique que les naturels du pays
laissaient en friche, prétendant qu'ils
ne devaient se mêler de rien, & que
c'était aux Gaulois leurs voisins à venir
cultiver leurs terres. Les Tiriens avaient
amené avec eux des Palestins, qui dès
ce temps là couraient dans tous les climats pour peu qu'il y eût de l'argent
à gagner. Ces Palestins en prêtant sur
gages à cinquante pour cent avaient
attiré à eux presque toutes les richesses
du pays. Cela fit croire aux peuples
de la Bétique que les Palestins étaient
sorciers ; & tous ceux qui étaient ac-
cusés de magie étaient brulés sans
miséricorde par une compagnie de
Druides qu'on appellait les rechercheurs
ou les antropokaies. Ces prêtres les
revêtaient d'abord d'un habit de mas-
que, s'emparaient de leurs biens, &
récitaient dévotement les propres priè-

res des Paleſtins, tandis qu'on les cuiſait à petit feu *por l'amor de Dios*.

La Princeſſe de Babilone avait mis pied à terre dans la Ville qu'on apella [depuis Sévilla. Son deſſein était de s'embarquer fur le Bétis pour retourner par Tyr à Babilone, revoir le Roi Bélus ſon père, & oublier ſi elle pouvait ſon infidèle amant, ou bien le demander en mariage. Elle fit venir chez elle deux Paleſtins qui faiſaient toutes les affaires de la cour. Ils devaient lui fournir trois vaiſſeaux. Le Phénix fit avec eux tous les arrangements néceſſaires, & convint du prix après avoir un peu diſputé.

L'hôteſſe était fort dévote, & ſon mari non moins dévot était Familier, c'eſt-à-dire eſpion des Druides rechercheurs Antropokaies; il ne manqua pas de les avertir qu'il avait dans ſa maiſon une forcière & deux Paleſtins qui faifaient un pacte avec le diable déguifé en gros oifeau doré. Les rechercheurs aprenant que la Dame avait une prodigieufe quantité de diamants, la jugèrent incontinent forcière; ils attendirent la nuit pour enfermer les deux cent cavaliers & les Licornes qui dormaient dans de vaftes écuries : car les rechercheurs font poltrons.

Après avoir bien barricadé les portes, ils fe faifirent de la Princeffe & d'Irla ; mais ils ne purent prendre le Phénix qui s'envola à tire d'aîles : il fe doutait bien qu'il trouverait Amazan fur le chemin des Gaules à Sevilla.

Il le rencontra fur la frontière de la Bétique, & lui aprit le défaftre de la Princeffe. Amazan ne put parler, il était trop faifi, trop en fureur ; il s'arme d'une cuiraffe d'acier damafquinée d'or, d'une lance de douze pieds,

de deux javelots & d'une épée tran-
chante appellée la fulminante, qui pouvait fendre d'un feul coup des arbres,
des rochers & des Druides; il cou-
vre fa belle tête d'un cafque d'or ombragé de plumes de héron & d'autru-
che. C'était l'ancienne armure de Ma-
gog, dont fa fœur Aldée lui avait
fait préfent dans fon voyage en Scythie; le peu de fuivants qui l'accom-
pagnaient, montent comme lui chacun
fur fa Licorne.

Amazan en embraffant fon cher Phénix ne lui dit que ces triftes paroles;
je fuis coupable; fi je n'avais pas couché avec une fille *d'affaires* dans la
Ville des Oififs, la belle Princeffe de
Babilone ne ferait pas dans cet état
épouvantable; courons aux Antropokaïes; il entre bientôt dans Sevilla:
quinze cent Alguafils gardaient les
portes de l'enclos où les deux cent

Gan-

Gangarides & leurs Licornes étaient renfermés fans avoir à manger ; tout était préparé pour le facrifice qu'on allait faire de la Princeffe de Babilone , de fa femme de chambre Irla, & des deux riches Paleftins.

Le grand Antropokaie entouré de fes petits Antropokaies était déja fur fon tribunal facré ; une foule de Sévillois portant des grains enfilés à leurs ceintures joignait les deux mains fans dire un mot ; & l'on amenait la belle Princeffe, Irla, & les deux Paleftins les mains liées derrière le dos , & vêtus d'un habit de mafque.

Le Phénix entre par une lucarne dans la prifon où les Gangarides commençaient déja à enfoncer les portes. L'invincible Amazan les brifait en dehors. Ils fortent tout armés, tous fur leurs Licornes ; Amazan fe met à leur tête. Il n'eut pas de peine à

L

renverser les alguasils, les familiers; les prêtres Antropokaïes; chaque Licorne en perçait des douzaines à la fois. La fulminante d'Amazan coupait en deux tous ceux qu'il rencontrait; le peuple fuyait en manteau noir & en fraise sale, toujours tenant à la main ses grains bénis *por l'amor de Dios.*

Amazan saisit de sa main le grand rechercheur sur son tribunal, & le jette sur le bucher qui était préparé à quarante pas; il y jetta aussi les autres petits rechercheurs l'un après l'autre. Il se prosterne ensuite aux pieds de Formosante. Ah! que vous êtes aimable, dit-elle, & que je vous adorerais, si vous ne m'aviez pas fait une infidélité avec une fille *d'affaire*!

Tandis qu'Amazan faisait sa paix avec la Princesse, tandis que ses Gangarides entassaient dans le bucher les

corps de tous les Antropokaies, &
que les flammes s'élevaient jusqu'aux
nues, Amazan vit de loin comme une
armée qui venait à lui. Un vieux
Monarque la couronne en tête s'a-
vançait sur un char traîné par huit
mules attelées avec des cordes; cent
autres chars suivaient. Ils étaient ac-
compagnés de graves personnages en
manteau noir & en fraize, montés sur
de très beaux chevaux ; une multitude de gens à pied suivait en cheveux
gras & en silence.

D'abord Amazan fit ranger autour
de lui ses Gangarides & s'avança la
lance en arrêt. Dès que le Roi l'a-
perçut, il ôta sa couronne, descendit
de son char, embrassa l'étrier d'Amazan , & lui dit: Homme envoyé de
Dieu, vous êtes le vengeur du genre
humain, le libérateur de ma patrie,
mon protecteur. Ces monstres sacrés

dont vous avez purgé la terre étaient mes maîtres au nom du Vieux des fept montagnes; j'étais forcé de fouffrir leur puiffance criminelle. Mon peuple m'aurait abandonné fi j'avais voulu feulement modérer leurs abominables atrocités. D'aujourd'hui je refpire, je régne, & je vous le dois.

Enfuite il baifa refpectueufement la main de Formofante, & la fuplia de vouloir bien monter avec Amazan, Irla & le Phénix dans fon caroffe à huit mules. Les deux Paleftins banquiers de la cour, encor profternés à terre de frayeur & de reconnaiffance, fe relevèrent; & la troupe des Licornes fuivit le Roi de la Bétique dans fon palais.

Comme la dignité du Roi d'un peuple grave exigeait que fes mules allaffent au petit pas, Amazan & Formofante eurent le temps de lui conter leurs avantures. Il entretint auſſi le Phénix, il l'admira & le baiſa cent fois. Il comprit combien les peuples d'Occident qui mangeaient les animaux, & qui n'entendaient plus leur langage, étaient ignorants, brutaux & barbares ; que les ſeuls Gangarides avaient con- ſervé la nature & la dignité primiti- ve de l'homme ; mais il convenait ſur- tout que les plus barbares des mortels étaient ces rechercheurs Antropokaies dont Amazan venait de purger le mon- de. Il ne ceſſait de le bénir & de le remercier. La belle Formoſante ou- bliait déja l'avanture de la fille *d'af- faire*, & n'avait l'ame remplie que de la valeur du héros qui lui avait ſauvé la vie. Amazan inſtruit de l'innocence du baiſer donné au Roi d'Egypte & de la réſurrection du Phénix, goûtait une joye pure, & était enyvré du plus vio- lent amour.

On dina au palais, & on y fit affez mauvaife chère. Les cuifiniers de la Bétique étaient les plus mauvais de l'Europe. Amazan confeilla d'en faire venir des Gaules. Les muficiens du Roi exécutèrent pendant le repas cet air célèbre qu'on apella dans la fuite des fiècles, les folies d'Efpagne. Après le repas on parla d'affaires.

Le Roi demanda au bel Amazan, à la belle Formofante & au beau Phénix, ce qu'ils prétendaient devenir. Pour moi, dit Amazan, mon intention eft de retourner à Babilone dont je fuis l'héritier préfomptif, & de demander, à mon oncle Bélus, ma coufine iffuë de germaine l'incomparable Formofante, à moins qu'elle n'aime mieux vivre avec moi chez les Gangarides.

Mon deffein, dit la Princeffe, eft affurément de ne jamais me féparer

de mon coufin iffu de germain. Mais
je crois qu'il convient que je me ren-
de auprès du Roi mon père, d'autant
plus qu'il ne m'a donné permiffion
que d'aller en pélerinage à Baffora,
& que j'ai couru le monde. Pour moi,
dit le Phénix, je fuivrai par-tout ces
deux tendres & généreux amans.

Vous avez raifon, dit le Roi de la
Bétique. Mais le retour à Babilone
n'eft pas fi aifé que vous le penfez. Je
fais tous les jours des nouvelles de ce
païs-là par les vaiffeaux Tyriens, & par
mes banquiers Paleftins, qui font en
correfpondance avec tous les peuples
de la terre. Tout eft en armes vers
l'Euphrate & le Nil. Le Roi de Scythie redemande l'héritage de fa femme
à la tête de trois cent mille guerriers
tous à cheval. Le Roi d'Egypte & le
Roi des Indes défolent auffi les bords
du Tigre & de l'Euphrate chacun à la

tête de trois cent mille hommes, pour
se venger de ce qu'on s'est moqué d'eux.
Pendant que le Roi d'Egypte est hors
de son païs, son ennemi le Roi d'E-
thiopie ravage l'Egypte avec trois cent
mille hommes ; & le Roi de Babilone
n'a encore que six cent mille hommes
sur pied pour se défendre.

Je vous avoüe, continua le Roi, que
lorsque j'entends parler de ces prodi-
gieuses armées que l'Orient vomit de
son sein, & de leur étonnante magnificence ; quand je les compare à nos
petits corps de vingt à trente mille
soldats, qu'il est si difficile de vétir
& de nourir, je suis tenté de croire
que l'Orient a été fait bien longtems
avant l'Occident. Il semble que nous
soyons sortis avant - hier du cahos, &
hier de la barbarie.

Sire, dit Amazan, les derniers venus l'emportent quelquefois sur ceux

qui font entrés les premiers dans la carriére. On penfe dans mon païs que l'homme eft originaire de l'Inde, mais je n'en ai aucune certitude.

Et vous, dit le Roi de la Bétique au Phénix, qu'en penfez-vous ? Sire, répondit le phénix, je fuis encore trop jeûne pour être inftruit de l'antiquité. Je n'ai vécu qu'environ vingt-fept mille ans ; mais mon père, qui avait vécu cinq fois cet âge, me difait qu'il avait apris de fon père que les contrées de l'Orient avaient toujours été plus peuplées & plus riches que les autres. Il tenait de fes ancêtres que les générations de tous les animaux avaient commencé fur les bords du Gange. Pour moi, je n'ai pas la vanité d'être de cette opinion. Je ne puis croire que les renards d'Albion, les marmotes des Alpes, & les loups de la Gaule viennent de mon païs ; de même que je ne crois pas

que les fapins & les chênes de vos contrées defcendent des palmiers & des
cocotiers des Indes.

Mais, d'où venons-nous donc? dit
le Roi. Je n'en fais rien, dit le Phénix. Je voudrais feulement favoir où
la belle Princeffe de Babilone & mon
cher ami Amazan pourront aller. Je
doute fort, repartit le Roi, qu'avec
fes deux cent Licornes il foit en état
de percer à travers tant d'armées de
trois cent mille hommes chacune. Pourquoi non? dit Amazan.

Le Roi de la Bétique fentit le fublime du Pourquoi non? mais il crut
que le fublime feul ne fuffifait pas contre des armées innombrables. Je vous
confeille, dit-il, d'aller trouver le Roi
d'Ethiopie; je fuis en rélation avec ce
Prince noir par le moyen de mes Paleftins. Je vous donnerai des Lettres
pour lui. Puifqu'il eft l'ennemi du Roi

d'Egypte , il fera trop heureux d'être fortifié par votre alliance. Je puis vous aider de deux mille hommes très - fobres & très - braves ; il ne tiendra qu'à vous d'en engager autant chez les peuples qui demeurent , ou plutôt qui fautent au pied des Pirénées , & qu'on apelle Vafques ou Vafcons. Envoyez un de vos guerriers fur une Licorne avec quelques diamans ; il n'y a point de Vafcon qui ne quitte le Caftel, c'eft-à-dire , la chaumière de fon père , pour vous fervir. Ils font infatigables , courageux & plaifans ; vous en ferez très-fatisfait. En attendant qu'ils foient arrivés , nous vous donnerons des fêtes , & nous vous préparerons des vaiffeaux. Je ne puis trop reconnaître le fervice que vous m'avez rendu.

Amazan jouïffait du bonheur d'avoir retrouvé Formofante , & de goûter en paix dans fa converfation tous les charmes de l'amour réconcilié, qui valent presque ceux de l'amour naissant.

Bientôt une troupe fiére & joyeuse de Vascons arriva en dansant un tambourin. L'autre troupe fiére & férieuse de Béti-quois était prête. Le vieux Roi tanné embrassa tendrement les deux amans; il fit charger leurs vaisseaux d'armes, de lits, de jeux d'échecs, d'habits noirs, de golilles, d'ognons, de moutons, de poules, de farine & de beaucoup d'ail, en leur souhaitant une heureuse traversée, un amour constant & des victoires.

La flotte aborda le rivage où l'on dit que tant de siécles après la Phénicienne Didon, sœur d'un Pigmalion, épouse d'un Sichée, ayant quitté cette ville de Tyr, vint fonder la superbe ville de Carthage, en coupant un cuir de bœuf en laniéres, felon le témoignage des plus graves auteurs de l'antiquité, lesquels n'ont jamais conté de fables , & felon les professeurs qui ont écrit pour les petits garçons ; quoiqu'après tout il n'y ait jamais eu perfonne à Tyr qui fe foit apellé Pigmalion , ou Didon , ou Si- chée , qui font des noms entiérement Grecs , & quoiqu'enfin il n'y eût point de Roi à Tyr en ces tems-là.

La fuperbe Carthage n'était point encor un port de mer ; il n'y avait là que quelques Numides qui faifaient fécher des poiffons au foleil. On côtoya la Bizacène & les Syrthes , les bords fertiles , où furent depuis Cyrène & la grande Cherfonèfe.

Enfin on arriva vers la premiére embouchure du fleuve facré du Nil. C'eft à l'extrémité de cette terre fertile que le port du Canope recevait déja les vaiffeaux de toutes les nations com- merçantes , fans qu'on fçût fi le Dieu Canope avait fondé le port , ou fi

les habitants avaient fabriqué le Dieu,
ni fi l'étoile Canope avait donné fon
nom à la ville, ou fi la ville avait
donné le fien à l'étoile : tout ce qu'on
en favait, c'eft que la ville & l'étoile
étaient fort anciennes ; & c'eft tout ce
qu'on peut favoir de l'origine des chofes, de quelque nature quelle puiffent
être.

Ce fut là que le Roi d'Ethiopie
ayant ravagé toute l'Egypte, vit dé-
barquer l'invincible Amazan, & l'ado-
rable Formofante. Il prit l'un pour
le Dieu des combats, & l'autre pour
la Déeffe de la beauté. Amazan lui
préfenta la lettre de recommandation
du Roi d'Efpagne. Le Roi d'E-
thiopie donna d'abord des fêtes ad-
mirables fuivant la coutume indifpen-
fable des temps héroïques. Enfuite on
parla d'aller exterminer les trois cent
mille hommes du Roi d'Egypte, les

trois cent mille de l'Empereur des Indes, & les trois cent mille du grand Kan des Scythes, qui affiégeaient l'immenfe, l'orgueilleufe, la voluptueufe ville de Babilone.

Les deux mille Efpagnols qu'Amazan avait amenés avec lui, dirent qu'ils n'avaient que faire du Roi d'Ethiopie pour fecourir Babilone ; que c'était affez que leur Roi leur eût ordonné d'aller la délivrer, qu'il fuffifait d'eux pour cette expédition.

Les Vafcons dirent qu'ils en avaient bien fait d'autres, qu'ils battraient tout feuls les Egyptiens, les Indiens & les Scythes, & qu'ils ne voulaient marcher avec les Efpagnols qu'à condition que ceux-ci feroient à l'arriére-garde.

Les deux cent Gangarides fe mirent à rire des prétentions de leurs alliés, & ils foutinrent qu'avec cent Licornes feulement ils feraient fuir tous les Rois de la terre. La belle Formofante les apaifa par fa prudence & par fes difcours enchanteurs. Amazan préfenta au Monarque noir fes Gangarides, fes Licornes, les Efpagnols, les Vafcons & fon bel oifeau.

Tout fut prêt bientôt pour marcher par Memphis, par Héliopolis, par Arfinoé, par Pétra, par Artémite, par Sora, par Apamée pour aller attaquer les trois Rois, & pour faire cette guerre mémorable devant laquelle toutes les guerres que les hommes ont fait depuis n'ont été que des combats de coqs & de cailles.

Chacun fait comment le Roi d'Ethiopie devint amoureux de la belle Formofante, & comment il la furprit au lit, lorfqu'un doux fommeil fermait fes longues paupiéres. On fe fouvient qu'Amazan, témoin de ce fpectacle, crut voir le jour & la nuit couchans

en

enfemble. On n'ignore pas qu'Amazan, indigné de l'affront, tira foudain fa fulminante, qu'il coupa la tête perverfe du Nègre infolent, & qu'il chaffa tous les Ethiopiens d'Egypte ; ces prodiges ne font-ils pas écrits dans le Livre des Chroniques d'Egypte ? La renommée a publié de fes cent bouches les victoires qu'il remporta fur les trois Rois avec fes Efpagnols, fes Vafcons & fes Licornes. Il rendit la belle Formofante à fon père. Il délivra toute la fuite de fa maîtreffe que le Roi d'Egypte avait réduite en efclavage. Le grand Can des Scythes fe déclara fon Vaffal ; & fon mariage avec la Princeffe Aldée fut confirmé. L'invincible & généreux Amazan, reconnu pour héritier du Royaume de Babilone, entra dans la ville en triomphe avec le Phénix en préfence de cent Rois tributaires. La fête de fon

M

mariage furpaffa en tout celle que le Roi Bélus avait donnée. On fervit à table le bœuf Apis roti. Le Roi d'Egypte & celui des Indes donnèrent à boire aux deux époux ; & ces noces furent célébrées par cinq cent grands poëtes de Babilone.

O Mufes ! qu'on invoque toujours au commencement de fon ouvrage, je ne vous implore qu'à la fin. C'eft en vain qu'on me reproche de dire graces fans avoir dit *benedicite*. Mufes ! vous n'en ferez pas moins mes protectrices. Empêchez que des continuateurs téméraires ne gâtent par leurs fables les vérités que j'ai enfeignées aux mortels dans ce fidèle récit ; ainfi qu'ils ont ofé falfifier Candide, l'Ingénu, & les chaftes avantures de la chafte Jeanne qu'un ex-capucin a défigurées par des vers dignes des capucins dans des éditions Bataves. Qu'ils

ne faſſent pas ce tort à mon Typo-
graphe chargé d'une nombreuſe famille, & qui poſſède à peine de quoi
avoir des caractères, du papier & de
l'encre.

O Muſes ! impoſez ſilence au déteſ-
table Cogé, profeſſeur de bavarderie
au Collège Mazarin, qui n'a pas été
content des diſcours moraux de Béli-
ſaire & de l'Empereur Juſtinien, &
qui a écrit de vilains libelles diffamatoires contre ces deux grands hommes.

Mettez un baillon au pédant Larcher, qui ſans ſavoir un mot de
l'ancien Babilonien, ſans avoir voyagé comme moi ſur les bords de l'Euphrate & du Tigre, a eu l'impu-
dence de ſoutenir que la belle Formoſante fille du plus grand Roi du
monde, & la princeſſe Aldée, & toutes les femmes de cette reſpectable
cour, allaient coucher avec tous les

palfreniers de l'Afie pour de l'argent dans le grand temple de Babilone, par principe de religion. Ce libertin de collège, vôtre ennemi & celui de la pudeur, accuse les belles Egyptiennes de *Mendès*, de n'avoir aimé que des boucs, se proposant en secret par cet exemple de faire un tour en Egypte pour avoir enfin de bonnes avantures.

Comme il ne connaît pas plus le moderne que l'antique, il insinue, dans l'espérance de s'introduire auprès de quelque vieille, que nôtre incomparable Ninon à l'âge de quatre-vingt ans coucha avec l'abbé Gédouin de l'Académie Françaiſe, & de celle des inscriptions & belles Lettres. Il n'a jamais entendu parler de l'abbé de Chateauneuf qu'il prend pour l'abbé Gédouin. Il ne connaît pas plus Ninon que les filles de Babilone.

Mufes filles du ciel, vôtre ennemi Larcher fait plus ; il fe répand en éloges fur la pédéraftie ; il ofe dire que tous les bambins de mon pays font fujets à cette infamie. Il croit fe fauver en augmentant le nombre des coupables.

Nobles & chaftes Mufes, qui déteftez également le pédantifme & la pédéraftie, protégez moi contre maître Larcher !

Et vous, maître Aliboron, dit Fréron, ci-devant foi difant Jéfuite ; vous dont le Parnaffe eft tantôt à Biffêtre, & tantôt au cabaret du coin ; vous à qui on a rendu tant de juftice fur tous les théatres de l'Europe, dans l'honnête comédie de l'Ecoffaife, vous, digne fils du prêtre Desfontaines, qui nâquites de fes amours avec un de ces beaux enfans qui portent un fer & un bandeau comme le fils de Vénus, & qui s'élancent comme lui dans les airs, quoiqu'ils n'aillent jamais qu'au haut des cheminées; mon cher Aliboron, pour qui j'ai toujours eu tant de tendreſſe, & qui m'avez fait rire un mois de ſuite du temps de cette Ecoſſaiſe; je vous recommande ma Princeſſe de Babilone; dites en bien du mal afin qu'on la liſe.

Je ne vous oublierai point ici, Gazetier Eccléſiaſtique, illuſtre orateur des convulſionnaires, père de l'Egliſe fondée par l'abbé Bécherand & par Abraham Chaumeix; ne manquez pas de dire dans vos feuilles auſſi pieuſes qu'éloquentes & ſenſées, que la Princeſſe de Babilone eſt hérétique, déiſte & athée. Tâchez ſurtout d'engager le ſieur Riballier à faire condamner la Princeſſe de Babilone par la Sorbonne; vous ferez grand plaiſir à mon libraire à qui j'ai donné cette petite hiſtoire pour ſes étrennes.

F I N.

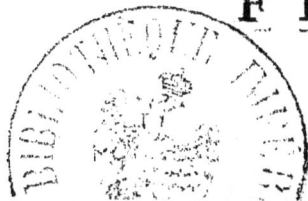

www.ingramcontent.com/pod-product-compliance
Lightning Source LLC
Chambersburg PA
CBHW072035080426
42733CB00010B/1900